奨学金借りるとき返すときに読む本

柴田武男・鴨田　譲 編

埼玉奨学金問題ネットワーク 著

弘文堂

はじめに

　わが子には大学進学をさせたいと、多くの親は思うでしょう。そして大学で学びたいと希望する高校生もたくさんいます。しかし残念ながら、この願いが経済的にかなえられにくい状況があります。

　家計収入が減少を続けているなか、大学の学費は逆に高騰しています。初年度に納める金額は私立大学で平均131万円、国立大学でも約81万円かかります。家計に余裕がなければ、借金に頼らざるをえません。

　借金といっても、金融機関から借りる学資ローン、自治体や進学先の大学で利用できる奨学金など、多種多様です。どれを利用すればよいのか困惑します。

　その中で最も多くの方が利用するのが、日本学生支援機構の奨学金です。年間1兆1000億円の予算規模があり、毎年約45万人の大学生が利用を始めます。大学院まで含めた高等教育機関全体でみると、約348万人いる学生のうちの133万人、じつに2.6人に1人がこの奨学金を利用していることになります。

　日本学生支援機構で有利子の第二種奨学金を借りる場合、最大で毎月12万円まで利用金額を選ぶことができます。学費に加え、生活費の一部も援助してもらえれば、家庭からの支援が少ない学生にとってはたいへん助かることでしょう。

　しかし、奨学金といえども借金です。社会人になって半年後からは返済をしなければなりません。ひと月12万円を4年間借りますと、総額は576万円になります。超低金利の1％で借入金利を計算したとしても、月額2万6000円の返済が20年間続くことになります。借りるときには実感できなかったでしょうが、返す立場になってみれば気の遠くなるような

金額と月日です。もちろん、だれもこんな借金をしたいとは望まないでしょうが、借りないと進学できない状況がある以上、仕方がありません。

それでも、ほとんどの方は計画通りに返済しています。しかしながら人生には思いがけないリスクが待ち受けています。突然の失業、病気やケガなどはだれにでも起こりうることです。こんなときには奨学金の返済を猶予してもらえるように、即座に適切な手続をとる必要があります。日本学生支援機構の奨学金の場合、滞納してしまうと延滞金が生じます。払えないから仕方がないとそのまま放置してしまうと厳しい督促が始まり、最終的には裁判を起こされてしまいます。本書の後半では、実際に裁判を起こされて自己破産を選んだ方の事例も紹介しています。

このような現実を知ると、奨学金を借りることが怖くなってしまうかもしれませんが、けっしてそんなことはありません。制度を正しく理解して計画的に利用すれば、奨学金は大学生活を支える有力な手段であることは間違いありません。

みなさんにしっかり理解しておいていただきたいことは、奨学金は借金であり、将来は返済する必要があるのだ、ということです。そのため、借りる前から返すときのことをよく考えて、月々の生活設計に無理がないように計画を立てましょう。そして、返済が困難な事情が発生した場合にはなにが起こるのか、どのように対処すればよいのかについても、あらかじめ知っておきましょう。

本書は二部構成になっています。第一部は「借りるとき」編です。これから奨学金を借りようと考えている高校生と保護者の方に向けて、奨学金制度とは何か、どのように利用すればよいのか、また返済に困らないためにはどう準備すればよいのかについて、順を追って説明していきます。

続く第二部「返すとき」編は、返済するときの問題解決に役立つ内容

です。返済に困ったら、実際に督促が来たら、裁判になったら、何をどうすればよいのかについて、具体的な事例や裁判を例にしてなるべく平易に説明していきます。現在進行形でトラブルを抱えている方にも参考にしていただけるよう、最新の情報や相談先も掲載しています。

この本を書いた埼玉奨学金問題ネットワークのメンバーは、高校教員、大学教員、弁護士、司法書士などです。これまで多くの奨学金問題に取り組み、全国から寄せられた相談に応じて、複雑な事例を解決してきました。奨学金制度の内容と問題点について熟知している専門家集団です。

大学に進学するかしないか、進学する場合に奨学金を借りるかどうかは、最終的にはそれぞれのご家庭の判断です。まずは奨学金制度を理解して、その内容を知ることから始めてください。よく理解したあとで、家族で話し合いをもち、本当に利用すべきなのかどうかを判断していただきたいと思います。

奨学金を借りると、そして返せなくなると、どんなことが起こるのか、問題が起こる前に知っておくことはとても大切です。奨学金が返せなくなるのは、人生が計画通りにいかなかったときです。深刻な問題に直面して、奨学金の返済どころではないかもしれません。そんな不安な時期に、奨学金とはいえ、借金の取り立てに追われれば、さらに心が弱ってしまいます。

こんなときでも、次になにが起こるか知っていれば、適切に対処ができるようになります。なにが起こるかわからないことが最も不安をかき立てます。その不安は適切な判断を誤らせる場合もあるでしょう。不安に思う前に、ぜひ本書に目をとおしてください。

本書によって、奨学金を借りるとき、返すときの不安が解消されることを心から願っております。

埼玉奨学金問題ネットワーク代表

柴田武男

目次　奨学金　借りるとき返すときに読む本

はじめに　i

第1部 奨学金を有意義に活用するために

奨学金借りるときチャート　2

第1章
奨学金を借りるときに知っておきたいこと …… 4

Ⅰ　高校生の5人に4人が進学する時代 ………… 4

Ⅱ　金融機関の教育ローン ……………………… 6
  1　日本政策金融公庫の教育ローン　6
  2　民間銀行の教育ローン　7
  3　オリコの学費サポートプラン　8

Ⅲ　日本学生支援機構以外の奨学金制度 ………… 9
  1　奨学金制度を調べる　9
  2　民間の奨学金制度　12
  3　大学の奨学金制度　14
  4　地方公共団体等の奨学金制度　17

第1章まとめ　18

コラム　借金してまで大学に行く意味はあるのか　19

iv

第2章

日本学生支援機構の奨学金制度を理解しよう … 21

Ⅰ 奨学金という名の多額な借金 ………………………………… 21

Ⅱ 第一種奨学金と第二種奨学金 ………………………………… 22

1　学力基準の違い　22

2　家計基準の違い　23

3　第一種奨学金に採用される確率はどのくらいか　24

4　利用金額の違い　25

5　入学時特別増額貸与奨学金　26

Ⅲ 利用プランを決定する ………………………………………… 27

1　利用金額の決め方　27

2　人的保証か、機関保証か　30

3　固定利率か、見直し利率か　35

Ⅳ シミュレーションで返済プランを立てる ……………… 36

1　詳細シミュレーションを使ってみる　36

2　所得連動返還シミュレーションを使ってみる　40

Ⅴ 日本学生支援機構の新しい制度 …………………………… 42

1　給付奨学金　42

2　新所得連動返還型奨学金　43

第2章まとめ　47

コラム 高校生のきみに　48

v

第3章
日本学生支援機構の奨学金を申し込む ………… 51

Ⅰ 高校3年時に申し込む予約採用 ……………………… 51

1 奨学金を申し込むときの5つのポイント　52

2 説明会に参加する（高校3年の4月後半〜5月）　54

3 申請に必要な書類を提出する（5月〜6月）　54

4 インターネットで申し込む（6月〜7月）　56

5 書類の不備に対応する（7月〜8月）　56

6 採用の連絡（10月〜11月）　57

7 大学に進学してからの手続き（翌年4月以降）　57

Ⅱ 進学先の大学で申し込む在学採用 ……………………… 58

1 学力基準　58

2 家計基準　59

3 11通りの選択肢　59

Ⅲ 予定外のことが起きたら ……………………………… 63

1 支給が停止される場合　63

2 契約内容の変更　66

Ⅳ 予約採用と在学採用はどちらが有利か ……………… 66

第3章まとめ　68

コラム 高校の先生方へ　69

第2部 もしも返せなくなってしまったら

奨学金返すときチャート ·· 72

コラム 9か月延滞してしまったノゾムさんの場合 ················ 74

第4章
計画どおりに返済できなくなったとき ········· 84

Ⅰ 返還期限猶予制度を利用する ··································· 84

　　1　猶予の申込み方法　84

　　2　猶予が認められる事情　86

　　3　「経済困難」による猶予──年収300万円以下　87

　　4　「傷病」による猶予──年収200万円以下、10年の上限なし　88

　　5　「失業中」による猶予──年収300万円を超えても大丈夫　90

　　6　「新卒等」による猶予──卒業後1年以内　91

　　7　「産休・育休」による猶予──上限10年の制限なし　92

　　8　「特別な支出」による控除──年収300万円を超えても大丈夫　92

Ⅱ 延滞した場合の猶予申請 ··· 95

　　1　数年延滞した場合の猶予申請　95

　　2　延滞据置猶予──残りの延滞金を払えない場合　98

Ⅲ 減額返還制度を利用する ···102

　　1　減額返還制度の具体例　102

　　2　減額返還制度が認められる事情　103

vii

Ⅳ 本人が死亡または労働能力を喪失した場合 ················· 104

1 返還免除制度　104

2 申請に必要な書類　105

第4章まとめ　106

コラム　新社会人のためのローン入門　107

第5章

延滞による裁判について知っておこう ··········· 111

Ⅰ 裁判に至るまで ·· 111

1 9か月延滞を続けると裁判所から書類が届く　111

2 財産の差押え　116

3 「異議申立書」の提出　117

4 私立大学・4年間自宅通学で第一種奨学金を借りたケース　119

5 利息や延滞金の減額はできるのか　121

6 和解が成立する条件　122

7 「異議申立書」を提出した後の流れ　123

8 「異議申立書」を提出しなかった場合　126

Ⅱ 埼玉奨学金問題ネットワークに寄せられた奨学金相談 ···127

1 実際の相談例　127

2 人的保証・機関保証を変更したい場合　130

3 消滅時効の成立　132

4 消滅時効か、返還猶予制度か　135

Ⅲ 奨学金裁判の実例 ·· 137

ケース1 返還期限猶予の活用で延滞金全額がなくなったヒロシさん　138

ケース2 支払督促費用を負担せずに済んだカズさん　140

| ケース3 | 50万円以上返済しても元金が1円も減っていなかったヒデさん 142

| ケース4 | 延滞金減免約束を裁判所が認めたショウさん 144

| ケース5 | 自分に借りた覚えがなかったナオさん 146

| ケース6 | 借りた覚えがなく、過去に破産手続をしたマナブさん 149

第5章まとめ 154

コラム 私は日本学生支援機構とこう交渉した 155

第6章
どうしても返済できなくなったら......159

Ⅰ 破産手続き......160

1 「破産」は生活再建のための法的手段 160

2 破産すれば奨学金の債務も消滅する 161

3 破産のメリット 162

4 破産のデメリット 163

5 破産に関するよくある質問 167

6 破産が認められない場合と破産してもなくならない負債 169

7 奨学金の保証人に請求がいく場合 170

Ⅱ 民事再生手続き......172

1 破産と民事再生の違い 172

2 民事再生のメリット 172

3 民事再生のデメリット 173

4 いくら返済すればよいのか 174

5 民事再生でも連帯保証人には全額が請求される 176

6 民事再生がすすめられない理由 176

7 民事再生を選択すべきケース 177

Ⅲ どこに相談すればよいのか 179

1 まだ延滞していない方　179

2 すでに自己破産や民事再生の手続きをとることを決めている方　180

3 法テラスに相談する　180

4 各都道府県の弁護士会に相談する　184

5 奨学金問題対策全国会議に相談する　185

6 １人で悩まず、早めの相談を！　186

第６章まとめ　188

コラム 弁護士と司法書士のちがい　189

埼玉奨学金問題ネットワークの取組み　191

おわりに　195

相談窓口一覧　198

参考URL　201

第 1 部

奨学金を有意義に活用するために

> 第1部では、奨学金制度について、
> 利用する前に知っておきたい知識を紹介します。
> 給付型以外の奨学金は借金と同じです。
> もし計画通りに返済できなければ
> 自分だけでなく、身内の人生にも影響を与えます。
> 最近問題になっている奨学金トラブルを防ぐために
> あとから後悔しない利用のコツを知っておきましょう。

奨学金借りるときチャート

START! → 大学・短大・専修学校などに進学する?

No → 勉強はいつでもどこでもできる！がんばって！
コラム 借金してまで大学に行く意味はあるのか p.19

Yes → 進学先を学部や学科、または専攻まで具体的に決めた？

No → 高校生の7割が進学する時代。目的を具体的にして進学しよう！
はじめに、第1章 I ▶p.4

Yes → 進学にかかる費用はわかっている？

支出 = 学費 + 生活費
収入 = 仕送り + アルバイト
と考えたとき、支出の方が多い？

No → 高校生の7割が進学する時代。目的を具体的にして進学しよう！

No → 収入の方が多ければ奨学金を利用しなくても大丈夫！

No → 受験料、初年度納付金、2年目からの学費の他、教科書代、通学代、アパート代、生活費などいろいろ必要！
第2章 III ▶p.27

Yes → 不足分は奨学金を利用する？

No → ご両親が金融機関の教育ローンを借りてくださるかも。
第1章 II ❶ ▶p.6

Yes → 日本学生支援機構の奨学金を利用する？

・無利子の第一種
・有利子の第二種
・給付奨学金
どれに申し込むか決まっている？

No → 大学、自治体、企業の奨学金には給付型も多いので利用できたらラッキー！
第1章 III ▶p.9

2

本書第2部を
読んでね！ ▶p.71

奨学金を
賢くの利用して
進学できそう？ Yes → がんばってね！
Good Luck!

No

将来、
返済に困ったら、
救済制度が
あることを
知っている？

本書第1部を
最初から
読んでみて！ ▶p.4

Yes

将来、月々いくら
返せばいいか、
知っている？ No → シミュレーションで
すぐわかるよ！
第2章 Ⅳ ▶p.36

どちらも一長一短
あるよ。
現在は超低金利
だから固定でも
いいかも。
第2章 Ⅲ ❸ ▶p.35

Yes

固定利率か
見直し利率か
決めた？

万一のことを
考えると
機関保証が
おすすめ！
第2章 Ⅲ ❷ ▶p.30

コラム
高校の先生方へ
p.69

No

予約採用がダメ
でも、大学に入っ
てから在学採用
に申し込むこと
を知っている？
コラム
高校生のきみに p.48

Yes

Yes → 月々いくら
借りるか決めた？ Yes → 人的保証より
機関保証を
選びたい

No

Yes

No

No

それぞれに受給資
格があるのでチェ
ックしてね！
第2章 Ⅱ ▶p.22

チャンスは
多い方が
有利！
第3章 Ⅱ ▶p.58

借りすぎると返すの
が大変なので、必要
最小限にしておこう！
第2章 Ⅲ ❶ ▶p.27

3

第1章 奨学金を借りるときに知っておきたいこと

本章では奨学金の種類について学びます。
企業や大学、自治体関係の奨学金制度は、給付型や無利子のものが多いので、利用できれば有利です。
最大規模の日本学生支援機構の奨学金の場合、
第一種奨学金、第二種奨学金、給付奨学金などの
種類があり、それぞれに利用条件が異なります。
どの奨学金をどんなふうに利用すればいいのか、
正しく知って賢く役立ててください。

I 高校生の5人に4人が進学する時代

　大学への進学状況は、ここ数十年で一変しました。文部科学省の学校基本調査によると、1992年度には205万人いた18歳人口が、少子化の影響により2014年度には118万人と、40％以上減ってしまいました。ところが、同じ年の四年制大学への入学者数を比べると、54万人から62万人へと増加しているのです。短大や専門学校なども加えた高等教育機関への進学率はいまや約80％と、高校生5人のうち4人が進学す

るという状況になっています。

　さらに遡ると、1960（昭和35）年の四年制大学進学者は16万人、進学率はわずか8％にすぎませんでした。大学に進学できる人たちは一部のエリートだったのです。進学率はそれから徐々に上がっていき、1974（昭和49）年には25％、2009年には50％を超えて、2人に1人が四年制大学に進学する高学歴社会となりました。現在では、大学を卒業することはエリートでもなんでもない、ごく普通の学歴となってしまいました。

　しかし残念ながら、生活が豊かになったから進学率が向上したというわけではありません。厚生労働省の国民生活基礎調査によれば、18歳未満の子どもがいる世帯の平均所得は712.9万円です（2015年）。平均所得は1996年に781.6万円という最高値を記録した後は、20年ものあいだ低落傾向が続いています。

　ところが大学の学費は上昇する一方です。「はじめに」で書いたとおり、2017年度の初年度納入金は私立大学で平均131万円、国立大学でも約81万円です。私立大学の学費が高いのは、国からの補助金が大学運営費の9.9％しかないことが大きな理由です。

　国立大学の学費は、私立大学に比べれば安く思われます。しかし、1975（昭和50）年度の初年度納入金はわずか8万6000円でしたから、40年で10倍近くの値上げです。

　授業料が上がる一方で家庭からの支援が減れば、足りないお金はアルバイトで工面するしかありません。ところが、学生が生活費をアルバイトで補填している金額は、2014年度の調査で年間約32万円です。これは1996年度の約36万円とほとんど変わらないどころか、むしろ減っています。その理由は、アルバイトで学費を支えるのはすでに限界という状況だからです。これ以上アルバイトに時間を割くと授業に差し支えてしまいます。

第1部　奨学金を有意義に活用するために

　大学の学費は上昇する一方で、所得は低下、家庭から援助してもらえる金額も減少して、アルバイトも限界となると、不足分は奨学金や学生ローンなどの借金で補うしかありません。

　以下では、四年制大学への進学を想定して、学費を工面する方法について説明していきます。

Ⅱ 金融機関の教育ローン

　奨学金と金融機関の教育ローンとの最も大きな違いは、奨学金は学生本人の借金であるのに比べ、教育ローンは保護者の借金であるという点です。教育ローンは、親が子どものために学資を用意する場合や、いったん社会に出た人が高等教育や専門教育を受けたくなったときに借りるためのローンなのです。もう一点の違いとしては、奨学金が大学入学後でないと利用できないのに比べ、教育ローンにはそうした制限はありませんので、予備校の費用や入学準備金としても利用できます。また、日本学生支援機構などの奨学金との併用も可能です。

　教育ローンを提供する金融機関には、国の資金を利用する公的な日本政策金融公庫と民間の金融機関があり、名称は「教育ローン」「学費ローン」などと異なりますが、中身はほぼ一緒です。

❶ 日本政策金融公庫の教育ローン

　公的な金融機関である日本政策金融公庫（旧国民生活金融公庫）の教育一般貸付（国の教育ローン）は、年1.81％（固定金利）、最大借入額350万円、最長15年返済です。国の資金を利用する分、民間銀行の教育ローンより金利が安く、固定金利ですので返済計画も立てやすいという利点があります。

第1章　奨学金を借りるときに知っておきたいこと

　民間の金融機関との最大の違いは借入れ条件です。民間銀行の教育ローンは一定以上の年収がないと借りられませんが、国の教育ローンは世帯年収が200万円未満であれば優遇措置が受けられます。

　また、子どもの人数によって世帯年収の上限が決められています。例えば、子ども1人の場合は世帯年収790万円（所得590万円）を超えると利用できません。ただし、自宅外通学であるとか、勤続年数が3年未満であるといった場合には、緩和措置で世帯年収990万円（所得770万円）まで利用可能となります。

　このように低所得層に有利な条件になっている理由は、日本政策金融公庫が国の公的資金を利用しているためです。日本政策金融公庫は株式会社ですが、法律によって「国民生活の向上に寄与することを目的とする」と定められています。株主は財務大臣であり、株式は国が100％所有しています。そのため、所得の少ない方が低金利で教育ローンを利用できるようにという政策的な配慮が実現されています。逆に言えば、年収の高い家庭は民間金融機関を利用してほしいという意味でもあります。

　世帯年収の上限規定は家族構成や条件によって違い、細かい規定がありますので、具体的な利用条件は日本政策金融公庫のウェブサイトで確認してください。

2 民間銀行の教育ローン

　民間の金融機関が提供する教育ローンは銀行によって設定が違いますので、詳細は各銀行のウェブサイトで確認してください。

　例えば、三菱東京UFJ銀行の教育ローンは「年3.975％（変動金利）、最大借入額500万円、最長10年まで借入れ可能」（2017年7月現在）です。また、利用者の年収に下限規定があり、「前年度の税込年収（事業所得の方は申告所得）が200万円以上」でなければ融資を受けられません。これ以外にも融資審査があります。

7

第1部　奨学金を有意義に活用するために

地元に密着した地方銀行では最大借入額1000万円というところも多く、融資条件もさまざまです。ただし、一般的に銀行の融資審査は厳しめです。勤続年数や居住年数、別の借金がどのくらいあるかなどを調べた上で、返済能力ありと認められないとローンが組めません。

③ オリコの学費サポートプラン

これ以外に学資ローンとして使いやすいものに、ノンバンクのオリコが提供する学費サポートプランがあります。ノンバンクとは、消費者金融会社や信販会社、クレジットカード会社など、預金を取り扱わずに融資のみを行う金融機関のことです。オリコが提携している大学約600校、専門学校約1500校に所属していることが利用条件です。年収基準や学力制限はなく、子どもが卒業した後に返済を引き継げるなど、柔軟で工夫された仕組みになっています。

正確に言うと、このオリコの学費サポートプランはローンではなく、割賦販売です。そのため、お金は利用者に渡らず、オリコから学校指定口座へ直接振込みとなります。

カードローンなどでおなじみの割賦販売は「ショッピング」であり、法律上は割賦販売法の対象となります。金利の代わりに「手数料率」と表現されますが、これが実質的には金利です。この手数料率は地域や学校ごとに違います。

アイフルやアコムなどの貸金業者から借入れをすると貸金業法の総量規制の対象になりますが、割賦販売ならば対象となりません。例えば、通常のローンですと、利用金額は「年収の3分の1以内」と法律で決められています。年収600万円ならば、すべての貸金業者からの借入合計200万円が上限となります。貸金業者は日本信用情報機構という機関に加盟が義務づけられていますので、どの業者から借りても情報がここに集まってきて、年収の3分の1を超える貸付はできない仕

8

第1章　奨学金を借りるときに知っておきたいこと

組みとなっています。

　この総量規制によってローンが組めない場合でも、オリコの学費サポートプランならば使えます。ただし、手数料分も含めた返済計画は慎重に行う必要があるでしょう。

Ⅲ　日本学生支援機構以外の奨学金制度

　奨学金というと、まず思い浮かぶのが日本学生支援機構の奨学金です。これについては第2章で詳しく説明します。

　しかし、じつはそれ以外にも多くの団体が奨学金制度を実施しています。規模が小さいものや受給資格が限定されているものが多いため、あまり知られていない分、有利な場合もあります。受けられる金額もさまざまですが、給付型のものや無利子で貸与されるものが多いので、条件にあてはまれば応募する価値はあります。ただし、条件のよい奨学金は倍率も高くなりますので、必ず受けられることを前提にせず、他のマネープランも考えておく必要があります。「受かればラッキー」というくらいの気持ちで検討してみてください。

1　奨学金制度を調べる

　進学希望の大学や地域が決定したら、奨学金制度の内容を確認してください。日本学生支援機構のウェブサイトによれば、地方公共団体から個人まで、すべてを合計すると3877の奨学金事業体があるそうです。さらに、給付・貸与・併用など、実施している奨学金制度の数は延べ8664件にもなりますので、そのすべてをここで紹介することはできません。

　奨学金には大きく分けて給付型と貸与型があります。貸与型にはさら

9

第1部　奨学金を有意義に活用するために

に無利子と有利子がありますが、ここに掲載されている奨学金には無利子のものが多いので、日本学生支援機構の第二種奨学金よりもお得です。

　支給金額や期間もさまざまです。毎月支給されるもの、年払いのもの、卒業まで支給されるもの、1年かぎりのもの、入学時のみのものなど、多種多様です。

　支給される条件が限定されているものも多いので気を付けてください。出身地や出身高校、成績、大学の学部、先生の推薦状などが指定されている場合もあります。

①日本学生支援機構のウェブサイトで検索する

　日本学生支援機構のウェブサイトで、 奨学金 → JASSO以外の奨学金 を選び、 大学・地方公共団体等が行う奨学金制度 のページで検索ができます。ここには、大学584校、短期大学191校のほか、「地方公共団体・奨学金事業実施団体等」として745団体の奨学金制度が登録されていて、大学名のほか、都道府県名など、さまざまな条件で検索できます（2017年11月現在）。

②地方公共団体のウェブサイトで検索する

　お住まいの地方公共団体のウェブサイトでも奨学金の情報を探してみましょう。地元限定の制度が見つかるはずです。現住所（学校の所在地）と出身地（保護者の居住地）の両方から支援を受けられる場合もあります。

　例えば、埼玉県のウェブサイトには埼玉県教育委員会編集の「大学進学のための経済的支援ガイド」が掲載されています。

　ここからダウンロードできる188頁分のガイドブックには、「大学進学支援制度」の一覧表が掲載されています。埼玉県だけでなく、関東近辺の大学や公益法人の奨学金制度が網羅されていて便利です。

③書籍やパンフレットで調べる

　書籍では『大学進学のための全国"給付型"奨学金データブック』（給付型奨学金研究会編著、産学社、2016年）がおすすめです。この本では給

付型の奨学金だけに特化して1700件紹介しています。

　オープンキャンパスなどで配布される大学の資料にも奨学金の情報が掲載されていることがあります。進学相談会などに参加する機会があれば、直接に質問することもできます。

④気をつけてほしいこと

　こうしたデータを使う上で注意していただきたいのは、掲載されているデータが最新とは限らないということです。内容が変更されていたり、詳細が省かれていたりする可能性がありますので、申請にあたっては必ず主宰団体のウェブサイトなどで最新の内容を確認してください。

　もう１つ注意していただきたい点として、例えば進学先の大学から貸与型の奨学金を借り、日本学生支援機構の奨学金と併用する場合、借りられる金額が増える代わりに返済時の金額も増えてしまいます。返済計画に現実性があるかどうか、ご家族で相談されることをおすすめします。

図表 1-1　給付貸与別の制度数　　　　　　　　　　　　　　　（単位：制度）

区分	地方公共団体	学校	公益法人	営利法人	個人・その他	計
給付	(22.8%)	(79.7%)	(59.7%)	(14.6%)	(59.2%)	(68.4%)
	301	5,132	437	14	45	5,929
貸与	(76.0%)	(19.7%)	(37.8%)	(84.4%)	(40.8%)	(30.7%)
	1,002	1,269	277	81	31	2,660
併用	(1.2%)	(0.6%)	(2.5%)	(1.0%)	(0.0%)	(0.9%)
	16	40	18	1	0	75
計	(100.0%)	(100.0%)	(100.0%)	(100.0%)	(100.0%)	(100.0%)
	1,319	6,441	732	96	76	8,664

（　）内は給付・貸与等別構成比

出所）日本学生支援機構ウェブサイトより

第1部　奨学金を有意義に活用するために

② 民間の奨学金制度

　民間の組織が行う奨学金制度は、ほとんどが公益財団法人による活動です。財団法人には一般財団法人と公益財団法人があり、前者は団体の公益性や目的は問われず、一定の財産があれば誰でも設立することができます。後者の公益財団法人は、公益目的事業が半分以上を占めている組織であり、税制優遇措置が受けられます。奨学金事業も公益目的ですから、公益財団法人がほとんどですが、中には、一般財団法人、一般社団法人、NPO法人として奨学金事業を行うところもあります。

　日本学生支援機構調べ（「奨学事業に関する実態調査報告」2013年度）では、奨学金事業を行う公益法人は490団体です。

　これ以外にも民間の奨学金事業はたくさんありますが、登録を申し込んだ団体しか掲載されていないため、すべての組織や制度を把握することはできません。

　今後、1つでも多くの団体が登録してデータベースを充実させてくれることを願います。

①企業の社会貢献事業としての奨学金制度

　民間の奨学金事業の中心となっている財団法人は、成功した企業経営者個人、あるいは企業グループが、社会貢献として巨額な資金を奨学金制度に使うというのが典型的な例です。個人や企業などから拠出された財産・株式（基本財産）で設立され、配当や金利などの運用益などを原資として運営されています。

　例えば、樫山奨学財団は、ファッション・メーカーのオンワード樫山の創業者樫山純三氏が、保有する株式と土地を寄付して設立した奨学財団です。基本財産はオンワードホールディングス株式871万株で、株式の配当収入が奨学金の原資です。毎年、指定大学の学部生41人に月額4万円を卒業まで給付しています（2017年）。

ほかにも、自転車パーツメーカーとしては世界最大のシマノを母体としたシマノ財団、1966（昭和41）年から奨学事業を継続してきた長い歴史を誇るコカ・コーラ教育・環境財団などがあります。こうした奨学金の多くは返済の必要がない給付型です。対象人数がごく少数で、受給資格も限定されている場合が多いのですが、その分、もし該当すれば有利な場合が多いので、可能であれば、ぜひ利用を検討してみてください。

②JT国内大学奨学金

比較的募集人数が多く、金額も大きいのがJT国内大学奨学金です。利用金額が最も大きい自宅外生ですと、入学金相当30万円、授業料相当年額54万円、入学時一時金30万円、月額12万円（東京23区内在住者）と、初年次には258万円もの給付があります。大学進学費用には十分な金額でしょう。ただし、人数が多いといっても全国で50名ですし、高校と大学に指定制度があります。高校ではいわゆる有名都立進学校である日比谷、西高校など、大学は公国立大学が指定されていますので、少数の成績優秀者を対象にした育英資金という性格になっています（2018年度募集要項）。

③電通育英会

同様の性格の給付型奨学金として電通育英会によるものがあります。最長4年間、月額6万円の他に、内定者には受験等助成金として10万円、入学一時金として30万円が支給されます。地方からの受験には交通費、宿泊費などで高額な受験費用が掛かりますから、そのような金額を補助してくれるのはありがたい制度です。ただし、応募できる高校が指定されています。全国150の高校から一般枠約60名、芸術枠約10名しか受給できません。進学大学も指定されています（2017年度募集要項）。

④あしなが奨学金

募集人数が多いのがあしなが奨学金です。「保護者（父親または母親など）が病気や災害（道路上の交通事故をのぞく）または自死などで死亡、

あるいは保護者が著しい障害を負っている家庭の子ども」を対象に、大学に進学予定の高校生約450人、大学生150人の募集があります。金額は月額4万円か5万円です（2017年度）。これは無利子の貸与型奨学金です。日本学生支援機構の第一種奨学金と似ています。最長20年間で返済する決まりです。

なお、保護者が道路上の交通事故で亡くなったり、重度の後遺障害がある家庭の子どもは交通遺児育英会の貸与型奨学金が利用できます。

⑤トヨタ女性技術者育成基金

変わり種は、トヨタグループ10社による通称「リケ女奨学金」で、製造業に就職したら50％、トヨタグループに就職したら100％が返済免除になります。工学系を専攻する女子学生を対象に118名の募集があります（2017年度）。正確には、一般財団法人トヨタ女性技術者育成基金が利子を負担して指定金融機関から年間60万円の融資を斡旋するというものです。原則として、総額240万円を8年間で返済するのですが、返済金額の減免、免除制度があります。トヨタグループに就職したら100％が返済免除になりますが、この奨学金を受給することでトヨタグループに就職が有利とは明記されていません。

⑥就職先企業による支援制度

公益法人形式ではありませんが、最近増えているのが就職先企業による支援制度です。メガネチェーンのオンデーズなどが先駆けです。オンデーズのウェブサイトによれば、「奨学金返還救済制度」として、「学生時に奨学金を受給しており、現在も返済を続けている社員の奨学金返済分を会社が加担する制度です。独自の社内試験に合格した社員を対象に、月々の返済額を給与に上乗せして支給」と紹介されています。

❸ 大学の奨学金制度

日本学生支援機構の検索サイトによると、大学584校、短期大学191

校に奨学金制度があり、制度数は延べ7293件にものぼります（2016年現在）。ここから理解できることは、奨学金制度が充実しているかどうかで大学を選ぶのは困難だということです。経済的事情や申請資格を満たすかどうかはみな違いますし、申請しても受給できるかどうかは入学後にならなければわかりません。受験前にできることとすれば、進学希望の大学を少数に絞り込んだのちに、それぞれの大学の奨学金制度を確認して参考にするという程度でしょう。

現在の奨学金制度は複雑ですから、必ず大学のウェブサイトで詳細を確認しておきましょう。不明な点があれば大学に問い合わせれば教えてもらえるはずです。

また、指定校になっている高校の出身者であれば奨学金が得られやすい大学もあります。進路指導の先生に、「奨学金制度が充実している大学を教えてください」と率直に聞いてみてください。

以下に有名大学の例を挙げておきますので、奨学金制度のイメージをつかんでください。

①早稲田大学の奨学金制度

規模も大きく有名なのが、早稲田大学の「めざせ！都の西北奨学金」でしょう。半期（春学期）分の授業料相当額を4年間免除するというもので、新入学生のうち約1200名が対象となります。早大の2015年度の入学者は9529人ですから、全体の約13％に相当します。早大の年間授業料は約80万円ですから、毎年40万円、通算160万円の奨学金制度となります。単純に金額を考えると、40万円×1200人で年間総額4億8000万円の奨学金制度です。保護者の世帯年収800万円未満が応募条件です（2018年度募集要項）。

早大には他にも学業成績重視の給付型奨学金である「大隈記念奨学金」もあります。学部104名、研究科44名の募集で、学部生なら70万円から100万円、研究科なら一律40万円が支給されます。

早稲田大学にはこの他にも多数の奨学金制度があります。ユニークなものとしては「商学部 3 年生で会計学を勉強する者及び公認会計士論文試験合格者」を対象とした奨学金がありますが、対象者は 1 名です。個人名での奨学金制度ですので、おそらく経済的に成功した卒業生が後輩のために寄付した資金を元にした奨学金制度でしょう。たった 1 名とはいえ、年間15万円の給付ですので、受給できればとても有利です。

②慶應義塾大学の奨学金制度

慶應義塾大学の代表的な奨学金「慶應義塾大学給費奨学金」は年額50万円の支給額ですから早大より大きい金額です。募集人員は学部生を対象に310名程度、大学院生には50万円と60万円のどちらかで220名の募集です（2017年度）。

早大と同じように、慶應大にも数多くの学内奨学金制度があります。例えば、メンター三田会（日本人学生）による奨学金は対象者が 1 名ですが、学費全額を給付してくれるという大変有利なものです。ただし、対象者は「AO入試による合格者で、自然災害被災またはその他の理由による家計急変者、起業家精神溢れる者、学業成績優秀者」という限定的なものです。ただし、この条件に自分が当てはまるかどうかはなかなか判断が難しいでしょう。

早大や慶應大のような大規模大学では受給資格のある奨学金制度を見つけるだけでも大変ですから、大学に直接問い合わせることを強くおすすめします。確実な検索手段はそれしかありません。

③東京大学の奨学金制度

国立大学の場合も見ておきましょう。東京大学にも奨学金制度はあります。「東京大学学部学生奨学金」は50万円の支給ですが、募集人員はわずか 2 名です。ただし、東大には日本人学部生を対象に2008年度から開始された「世帯の総所得金額が218万円以下（給与収入のみの場合は収入金額400万円以下）であり、かつ学業優秀と認められる場合には、選

考の上、原則として授業料の全額が免除」という授業料免除制度があります。これも一種の奨学金制度だといえるでしょう。

2014年にはこの制度により世帯年収350万円未満の学生の約60％が全額免除を受けていますが、「優・良」の数が「可」を大きく上回るという厳しい成績基準があります。では、成績がまだわからない新入生はどうなのかというと、「新入学者は入学試験の合格をもって適格とみなす」とされています。

国立大学は独立行政法人となったために、かなり自由に予算を決められるようになりました。国立大学だからどこでも同じ制度ということはありません。

4 地方公共団体等の奨学金制度

日本学生支援機構によると、奨学金制度を実施している地方公共団体は558団体、奨学金制度は3083件あります（2017年現在）。ただ、地方公共団体が実施している奨学金制度は、その都道府県や市町村の出身者あるいは在住者という条件がついているものがほとんどですので、実際に応募資格のあるものはごくわずかです。逆に言えば、応募者が絞り込まれる分、受給できる確率も高くなります。

まずは日本学生支援機構のウェブサイトで、自分が住んでいる、あるいは出身の都道府県や市町村で検索してみましょう。

私たちは埼玉奨学金問題ネットワークですから、埼玉県で検索してみます。すると、団体21件、奨学金制度193件が検索できます。その中から、事務局のあるさいたま市の奨学金制度をチェックします。さいたま市の奨学金制度は、「本人（＝生徒・学生）又は保護者が市内に居住」が条件となっています。

このように、地方公共団体の奨学金制度は「その行政地域に居住している、もしくは出身であること」が条件になっているのが特徴です。し

17

第1部　奨学金を有意義に活用するために

かし、それ以外の細かい条件、例えば貸与か給付か、金額、期間、申込み時期などはさまざまです。

　これも、実施している地方公共団体のウェブサイトで必ず詳細を確認することを忘れないでください。

第1章 まとめ

- ●教育ローンは日本政策金融公庫がおすすめです。ただし年収の上限規定があります。

- ●年収上限で日本政策金融公庫が利用できない場合は民間銀行の教育ローンを検討してください。

- ●オリコの学費サポートプランは利用条件が緩い反面、金利が比較的高いのが問題です。

- ●民間の奨学金制度は財団法人がほとんどで、応募資格が限定されています。

- ●ほとんどの大学に奨学金制度があります。詳細は大学に直接問い合わせてください。

- ●都道府県・市町村などの地方公共団体にも奨学金制度があります。申請者が住んでいるか出身地であることなどが条件です。

コラム

借金してまで大学に行く意味はあるのか

　奨学金についての朝日新聞の「声」欄の投書が話題になったということで、取材を受け、意見を聞かれました。

　「奨学金のあり方が議論されているが、導入予定の給付型奨学金ならともかく、貸与型奨学金で多額の借金を背負ってまで大学に行く必要があるのか？」（朝日新聞「声」2017年2月16日）という投稿に対し、賛否が拮抗したのだそうです。

　ここで問われているのは、「大学に行く必要」そのものではありません。「多額の借金を背負ってまで大学に行く必要があるのかどうか」ということです。おそらくこの本を読んでいる方は「借金を背負ってでも大学に行く必要がある」とすでに考えているでしょうが、やはりこの問題は避けて通れません。

　経済学的な答えは簡単です。大学に進学すれば4年間で約500万円の学費がかかります。もちろん、これ以外にも生活費や教科書代などが必要になります。

　しかし、それだけではありません。高校を卒業してすぐに働けば、給与が得られます。高卒の初任給は約16万円ですから、1年間で約200万円稼げます。4年間の総額は800万円です。これを考えますと、学費としての出費500万円と4年間の収入800万円で、大学を卒業する22歳の時点で1300万円の差が生じます。高卒で働いた方が1300万円も金額的には有利なのです。

　しかし、人生は長いのです。現在、労働人口として考えられているのは64歳までです。ですから、18歳から22歳までの計算だけでなく、18歳から64歳までの賃金、いわゆる生涯賃金で比較することが大切です。生涯賃金の統計はさまざまですが、ここでは厚生労働省所管の独立行政法人である労働政策研究・研修機構から発表されている『ユースフル労働統計

2016』を使います。

　それによれば、「同一企業型の職業生涯の場合をみると、生涯賃金（60歳まで、退職金を含めない）は、男性は高校卒2億5000万円、高専・短大卒2億5000万円、大学卒2億8000万円、女性は高校卒1億9000万円、高専・短大卒2億円、大学卒2億4000万円となる」と試算されています。

　また、「学歴が高まるにつれて就業年数は短くなるが賃金水準が高くなるため、結果として生涯賃金が多くなる」と分析されています。22歳時点では高卒が1300万円と所得では有利ですが、生涯賃金では高卒男性2億5000万円、大卒男性2億8000万円ですから逆転してしまいます。大卒の生涯賃金のほうが約1700万円高いという結果になるわけです。

　もちろん、これは全体の統計ですから、高卒で高い生涯賃金を得る方もいますし、大卒でも賃金が低い場合も多くあります。それでも、統計上は、賃金だけを考えれば、借金してでも大学に行った方が有利だと言えるのです。

　ですが、本来、大学は就職のために行くところではありません。自分の興味がある分野の知識や思索を深めるために、高度な教育を受けに行く場所のはずです。その価値を経済的な損得だけで考えるわけにはいきません。

　なんのために大学に行くのか、借金してまで行く価値があるのか、それに対する自分なりの答えをぜひ考えてみてください。　　　　（柴田武男）

第2章 日本学生支援機構の奨学金制度を理解しよう

前章ではさまざまな奨学金制度を紹介しましたが、
最も利用者が多いのが日本学生支援機構の奨学金制度です。
本章では、日本学生支援機構の奨学金について、
利用方法を概説し、借りるときに注意しておきたいポイントを
整理します。
理解不足がのちにトラブルの原因にならないよう、
返すときのことも考えて計画することが重要です。

I 奨学金という名の多額な借金

　日本学生支援機構の奨学金は、年間約1兆円（2015年度）を約132万人の学生に貸与するという圧倒的な規模です。2015年度の総貸付残高は8兆9232億円となっています。総貸付残高約9兆円といってもピンとこないと思いますので、一般の貸金業者と比較してみましょう。
　大手貸金業者など1168社が加入している日本貸金業協会のデータでは、奨学金と類似の金融商品である「消費者向け・無担保貸付」の年間

第1部　奨学金を有意義に活用するために

貸付額は4兆528億円（2016年9月末）です。日本学生支援機構の約9兆円という金額がいかに大きいかが理解できます。

　さらに驚くのが1人当たりの利用金額です。2016年9月を例にとると、貸金業者全体の1か月の利用金額は約2200億円、契約数は約97万件ですから、1件当たり約23万円です。一方、日本学生支援機構は、2016年3月に貸与が終了した奨学生（四年制大学）が132万人、これを年間1兆円で割ると、1人当たりの平均年間貸与額は約76万円となります。しかも大学は4年間ですから、その約4倍の金額が貸与の総額になります。

　日本学生支援機構から公表されている1人あたりの平均貸与総額は、第一種奨学金で236万円、第二種奨学金で343万円です。一般の貸金業者利用者の平均額約23万円に比べると、10倍以上ということになります。いかに多額な借金か実感いただけると思います。

Ⅱ　第一種奨学金と第二種奨学金

　日本学生支援機構の奨学金制度で最初に選択するのが、第一種奨学金か第二種奨学金かです。両方申し込むこともできます。第一種奨学金は無利子、第二種奨学金は有利子です。共通するのは、元本を返済しなければならないこと、返済が遅れると年5％の延滞金が課されることです。

　奨学金には学力基準と家計基準が設けられていて、両方の条件を満たしていないと利用できません。

❶ 学力基準の違い

　第一種奨学金の学力基準は、下の3つの条件のどれかです。

　①高等学校最終2か年又は専修学校高等課程最終2か年の成績が3.5

以上

②高等学校卒業程度認定試験もしくは大学入学資格検定合格者で、上記
　①に準ずると在学学校長から認められる者

③家計支持者（父母、父母がいない場合は代わって家計を支えている人）が
　住民税非課税であって、次のアまたはイのいずれかに該当する人

　ア　特定の分野において、特に優れた資質能力を有し、特に優れた学
　　　習成績を修める見込みがあること

　イ　学修に意欲があり、特に優れた学習成績を修める見込みがあること

　また、2年次以上は、「大学における学業成績が本人の属する学部（科）
の上位1／3以内」であることが引き続き支援を受けるための条件です。

　ただし、2017年度進学予定者からは、住民税非課税の家庭で、高校
の校長からの推薦が得られる場合には、この学力基準に満たなくても優
先的に第一種奨学金が受けられる制度がスタートしました。

　一方、有利子の第二種奨学金の学力基準はこれよりも緩く、下の4
つの条件のどれかに該当することが求められます。

①出身学校又は大学における学業成績が平均水準以上と認められる者

②特定の分野において特に優れた資質能力を有すると認められる者

③大学における学修に意欲があり、学業を確実に修了できる見込みがあ
　ると認められる者

④高等学校卒業程度認定試験もしくは大学入学資格検定合格者で、上記
　に準ずると認められる者

　この中で、①や②は厳しい条件に思われますが、現実には、大学受験
に受かる学力があれば③か④に該当すると判断されるでしょうから、希
望すればほとんどの方が受けられる状況です。

2 家計基準の違い

　家計基準とは収入制限のことです。家計収入、つまり家族全員の収入

第1部　奨学金を有意義に活用するために

の合計が一定額を超えると利用できません。限度額は家族の人数が基準となりますが、進学する大学が国公立か私立か、自宅通学か自宅外かによっても変わります。

例えば、4人家族で国公立大学に自宅から通う場合、第一種奨学金では「前年1年間の家計収入が747万円以下」、第二種奨学金では「前年1年間の家計収入が1100万円以下」となっています（2017年11月現在）。上限金額には細かい設定があり、毎年見直しされますので、日本学生支援機構のウェブサイトで確認してください。

前述したように、2017年度から住民税非課税世帯を対象に第一種奨学金の優遇制度が始まりました。ちなみに住民税非課税とはどのくらいの所得金額かというと、東京都の例では年間の合計所得金額が「35万円×人数（本人・控除対象配偶者・扶養親族の合計）＋21万円」以下です。これを4人家族で計算すると年間所得161万円となります。

第一種奨学金の基準にあてはまらない場合は第二種奨学金を検討することになります。

第二種奨学金は上記の基準を満たせば、ほぼ利用が可能です。有利子ですが、在学中には利息はかかりません。現在は超低金利ですから利用しやすいとも言えます。問題は利率固定方式か利率見直し方式、どちらを選択するかです。これについては後述します。

3 第一種奨学金に採用される確率はどのくらいか

第一種奨学金の採用はその年度の予算範囲内で行われますので、学力と家計の基準を満たしていても採用されないことがあります。申込み状況は公表されていませんが、ある高校の先生の話では、第一種奨学金を利用できるのは希望者のうち約20％程度というのが実感だそうです。成績と収入のどちらが重要視されるのかも公表されていません。

ただし、政府公報のウェブサイトによれば、「2017年度からは、基準

に該当する全ての人が第一種奨学金を利用できるよう予算措置されたため、人物・健康・学力・家計の基準に該当する人は、必要な手続きをとることにより全員が第一種奨学生に採用される見込みです」とありますので、今後は変化する可能性があります。

　第一種奨学金と第二種奨学金は併用も可能です。しかし、両方を申し込むと第二種奨学金に回されてしまうのでは、という不安を抱く人もいるでしょう。第一種奨学金の選考過程や基準などは一切公表されていませんから推測になりますが、高校の先生方の実感では、家計基準の方が重視されているのではないかということです。

❹ 利用金額の違い

　第一種奨学金の利用月額は下記のように選択できます（四年制大学の場合）。

区分		貸与月額
国公立	自宅	3万円または4万5000円
	自宅外	3万円または5万1000円（4万5000円も選択可）
私立	自宅	3万円または5万4000円
	自宅外	3万円または6万4000円（5万4000円も選択可）

　第二種奨学金の利用月額は下記のように選択できます。

区分		貸与月額（自由選択）
大学・短大・高専・専修		3万円・5万円・8万円・10万円・12万円から選択
私立大学	医・歯学課程	12万円を選択した場合に限り、4万円の増額可
	薬・獣医学課程	12万円を選択した場合に限り、2万円の増額可
大学院		5万円・8万円・10万円・13万円・15万円から選択
法科大学院		15万円を選択した場合に限り、4万円または7万円の増額可

注）2017年9月現在

第1部　奨学金を有意義に活用するために

⑤ 入学時特別増額貸与奨学金

　第一種奨学金、第二種奨学金の他に、一時金として入学時特別増額貸与奨学金があります。これは、入学時、つまり大学に進学した年の4月後半に一度だけ利用できる制度です。大学に入学して新生活が始まったばかりの4月には大きな出費があります。自宅外生であれば家賃や家財道具の支払いがあるでしょうし、自宅生でもパソコンを購入する、教科書を揃えるなど、まとまったお金が必要になります。

　入学時特別増額貸与奨学金は10万円から最高50万円まで10万円刻みで選択することができます。第一種奨学金、第二種奨学金のどちらの奨学生でも利用が可能です。

　ただし、利用には3つの注意点があります。

　1つは、入金が4月後半であることです。入学金など入学前に振込の必要な初年次納入金には使えません。

　2つ目は、入学時特別増額貸与奨学金だけを申し込むことはできないということです。第一種奨学金、第二種奨学金の利用者だけが申し込めます。貸与を受ける条件は、「本人の収入（定職、アルバイト、父母等からの給付、奨学金、その他の収入により本人が1年間に得た金額）と配偶者の定職収入の金額の合計額が、120万円以下」であるか、「日本政策金融公庫の『国の教育ローン』が利用できなかったこと」です。日本学生支援機構の第一種奨学金、第二種奨学金で利用金額が足りない場合は、まず日本政策金融公庫の教育ローンを検討し、それが不採用だった場合のみ入学時特別増額貸与奨学金が利用できます。

　3つ目は、有利子である上に、第二種奨学金で選択した固定もしくは変動金利に0.2％上乗せした金利が適用されることです。2016年度3月末現在の利率固定方式は年0.16％、利率見直し方式は年0.1％ですから、前者を選択すると0.36％、後者ですと0.3％の金利が増額分に適

26

用されます。

　利用者としては、入学時特別増額貸与奨学金を入学金として使用したいというニーズがあります。そこで、各地域の労働金庫（ろうきん）が、入学時特別増額貸与奨学金を担保にして入学前に貸し出す「日本学生支援機構奨学生に対する入学金融資制度」を取り扱っています。労働金庫は各地にあり、会員制の金融機関です。利用するには「父母（または親権者）の住所または勤め先が労働金庫の取扱地域内にある」という条件がありますから、利用できるかどうか注意が必要です。労働金庫は、日本学生支援機構とは関係のない民間の金融機関ですから、入学時特別増額貸与奨学金を入学金で使いたいという方は、地元の労働金庫に直接問い合わせてください。全国労働金庫協会のウェブサイトには各地域の労働金庫一覧が掲載されています。

Ⅲ　利用プランを決定する

　では、第一種奨学金、第二種奨学金、入学時特別増額貸与奨学金をどのように使い分ければよいのでしょうか。ここでは、この三種類を活用する前提で、月々の利用金額をどのように決定すればよいのかを考えていきましょう。

❶ 利用金額の決め方

　利用額の平均は、第一種奨学金で総額236万円、月額にして 4 万9000円です。第二種奨学金では総額343万円、月額にして 7 万1000円です。これはあくまでも平均金額ですから、それぞれの事情に合わせて必要な金額を選択してください。

　参考までに、日本学生支援機構のウェブサイトに掲載されている学生

第 1 部　奨学金を有意義に活用するために

生活調査の数字を見てみましょう（図表 2 - 1）。

　まず収入です。2014年度版の学生生活調査によると、大学生の 1 年間の収入額は約197万円です。内訳は、家計からが119万円、奨学金が40万円、アルバイトが32万円、その他、と続きます。平均すれば毎月16万円以上の収入になります。

　ただし、支出を考えた場合、この中から授業料も払わないといけませんので、私立と国公立では30万円以上の差が出てきます。また、自宅外生は自宅生の1.5倍以上の生活費がかかります。東京圏の大学であれば地方よりもさらにお金が必要です。

　では、具体的にいくら借りればいいのかを考えていきましょう。

　まず、毎月必要なお金（支出）を計算します。

$$支出　=　学費　+　生活費$$

　学費には授業料のほか、学校納付金、教科書代、パソコンや文具の購入費用、ゼミ合宿など課外活動費、通学費などを含めます。

　生活費は、図表 2 - 1 の項目を参考にするとよいでしょう。自宅外生であれば「住居・光熱費」、「食費」、「保健衛生費」、「娯楽・し好品費」、「通信費」、被服費など「その他の日常費」の合計です。通学圏のアパート代や光熱費はいくらくらいかかるかもあらかじめ調べておきましょう。

　次に、どうすればこの支出をまかなえるか、収入を考えます。

$$収入　=　\begin{array}{c}家計からの\\仕送り額\end{array}　+　アルバイト代　+　\begin{array}{c}奨学金\\{\small（第一種・第二種）}\end{array}$$

　家計からの支援金額、アルバイトで稼げるお金を前提にして、足りない金額を奨学金で賄うと考えるのがいいでしょう。

　例を挙げてみましょう。まず支出の予想を立てます。ある私立大学の年間授業料とその他の学校納付金は約100万円ですので、毎月8.3万円

に書籍や文具代で学費はおよそ9万円としましょう。生活費は、住居費と光熱費で5万円、食費2万円、通信費と交通費で1万円、その他で1万円とすれば9万円かかりますので、支出の合計は18万円です。

毎月18万円あればなんとかやっていけそうだという目安がついたら、収入を考えます。家計から毎月7万円援助してもらえるとすれば、残

図表 2-1　居住形態別学生生活費の支出状況（大学昼間部平均）　（単位：円）

項目	自宅	学寮	アパート等
授業料・その他の学校納付金	91,325	78,800	81,967
修学費（課外活動費・通学費を含む）	15,267	10,108	8,942
食費	8,125	20,433	21,975
住居・光熱費	0	24,058	37,325
保健衛生費	3,050	2,967	3,042
娯楽・し好費	10,808	9,875	11,767
通信費	6,108	5,275	6,250
その他の日常費	5,075	5,833	6,217

出所）日本学生支援機構ウェブサイトより

自宅から通学　生活費平均 13万9758円(月)
アパートから通学　生活費平均 17万7485円(月)
毎月 3万7727円 の差

り11万円をアルバイトと奨学金で賄う計算になります。アルバイトを増やしすぎると学業に影響が出ますから、最初は月額 3 万円程度と考えておくのが無難です。すると、月額 8 万円は奨学金に頼らないといけないという計算になります。第一種奨学金は最も高い「私立・自宅外」で 6 万4000円ですから、まだ 1 万6000円足りません。仕方がないので第二種奨学金を足すことにしてみましょう。第二種奨学金は最低が 3 万円ですから、この分を足して毎月の収入を計算します。

家計からの
仕送り額 ＋ アルバイト代 ＋ 第一種 ＋ 第二種 ＝ 19.4 万円
（7 万円） 　　（3 万円） 　奨学金 　奨学金
　　　　　　　　　　　　　（6.4 万円）　（3 万円）

となり、必要な収入を得ることができました。

　ただ、これでは毎月 9 万4000円もの奨学金を借りることになってしまいます。4 年間の総額は451万2000円にのぼり、しかもそのうちの144万円は有利子です。生活に慣れてアルバイトを増やすことができるようになったら第二種奨学金の利用は中止する、もしくは入学時特別増額貸与奨学金を利用し、あとは第一種奨学金のみで頑張ってみる、などを検討してもいいでしょう。くれぐれも、「貸してくれるのだから借りられるだけ借りておこう」という考え方だけはやめましょう。借りたお金は必ず返すときがくるのです。

② 人的保証か、機関保証か

　日本学生支援機構の奨学金を利用するには、保証制度を申し込まなければなりません。本書の第 2 部では、奨学金を返せずにトラブルになった事例を多く扱っています。万が一、借りた本人が奨学金を返せなくなったときに問題になるのが、「誰が代わりに返すことになるのか」ということです。

奨学金を申し込むときにはこれをあらかじめ決めておきます。それが、「人的保証か、機関保証か」なのですが、これはたいへん重要な意味のある選択なので、しっかり理解してから決めてください。

① 人的保証とは

人的保証を選ぶと、「連帯保証人」と「保証人」の２人が必要になります。日本学生支援機構のウェブサイトでは以下のように説明されています。

〈人的保証とは〉

- 日本学生支援機構の奨学金の貸与を受けるにあたって、一定の条件にかなった連帯保証人（原則として父母またはこれに代わる人）及び保証人（原則として４親等以内の親族で本人及び連帯保証人と別生計の人）が保証する制度です。
- あなたが奨学金の返還を延滞した場合、連帯保証人・保証人はあなたに代わって返還をする義務があります。

連帯保証人は原則として父母です。保証人は「４親等以内の親族で

図表 2-2　人的保証制度（返還を延滞した場合）

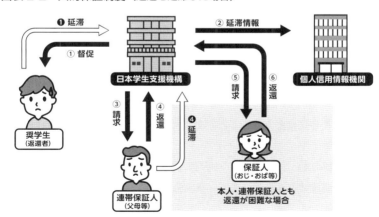

出所）日本学生支援機構ウェブサイトより

本人及び連帯保証人と別生計の人」です。法律上の 4 親等とは、祖父母・兄弟姉妹が 2 親等、おじ・おばが 3 親等、いとこが 4 親等にあたりますが、日本学生支援機構の保証人は「基本的にはおじ・おば、兄弟姉妹」とされています。ただし、65歳以上の人や、遠い親戚、知人といった人でも、「返還誓約書」「返還保証書」のほか、印鑑登録証明書、収入や所得、資産に関する証明書などを提出すれば保証人になれます。配偶者や婚約者は保証人にはなれません。

連帯保証人と保証人は、利用者本人が返済できないときに、代わりに返済する義務を負います。連帯保証人は本人と同様の返済責任を負います。保証人は半分の返済義務が生じます。詳しくは第 2 部で説明します。

重要なことは、連帯保証人や保証人を引き受けた人は、借りた人が大学を卒業し、奨学金を完済し終わるまで、最長で20年以上にわたって返済責任を負わなければならないということです。保証人を引き受けたことをすっかり忘れた頃に請求が来てトラブルになるということのないように、保証人をお願いする側も引き受ける側も覚悟が必要です（図表2-2）。

②機関保証とは

機関保証は、保証機関に保証料を支払って保証してもらう制度です。

日本学生支援機構のウェブサイトから機関保証制度についての説明を引用します。

〈機関保証とは〉

- 一定の保証料を支払うことにより、保証機関の保証が受けられる制度です。
- 保証料の支払いは原則として毎月の奨学金から差し引く方法をとります。
- 保証機関の保証を受けても、奨学金はあなた自身が返還しなければなりません。延滞した場合は、保証機関があなたに代わって奨学金の返済を行いますが、その後、保証機関からの請求により原則一括で返済

していただきます。

機関保証を選ぶと保証料が必要になりますが、万が一、返せなくなったときに、連帯保証人や保証人に迷惑をかけずにすみます。万が一とは、返済が困難となって自己破産をしなければならないときです。

これから大学に進学するという、希望にあふれて新生活を夢みている高校生に、返済に行き詰まった将来を想像しろというのは無理な話かもしれません。ご両親も「あなたが苦しければ私たちが代わりに返してあげるから大丈夫」とおっしゃるかもしれません。けれど、数年、数十年先のことは誰にもわかりません。ぜひ真剣に検討してください。

保証料は奨学金の利用金額によって異なりますが、第二種奨学金12万円を選択した場合、2017年では保証料の総額は30万9408円となり、毎月6446円の負担が生じます。保証料は、毎月の振込時に天引きされますので、12万円から6446円が引かれた11万3554円が振り込まれることになります。

図表2-3　機関保証制度（返還を延滞した場合）

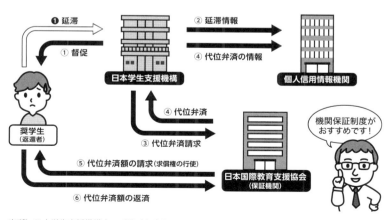

出所）日本学生支援機構ウェブサイトより

第1部　奨学金を有意義に活用するために

　保証機関は公益財団法人日本国際教育支援協会です。返済ができない場合には、この協会が利用者に代わって日本学生支援機構に返済してくれます。これを代位弁済というのですが、だからといって利用者に返済義務がなくなるわけではありません。保証制度は日本学生支援機構を守るためのものであって、利用者を守るものではありません。代位弁済してもらった金額は日本国際教育支援協会に返済する義務が生じます。借り手にとっては返済する相手が替わったというだけのことなのです。

　しかし、それだけではありません。延滞金は年5％から10％と、日本学生支援機構の倍になりますし、分割払いから一括弁済、つまりまとめ払いへと変わります。もともと苦しくて払えなかったはずが、ますます苦しい条件になるのです。代位弁済の件数は年々増加していて、2014年度には6848件、金額にして約144億円にのぼっています。240回の分割払いでも支払えないのに、一括請求されても払えるわけがありません。つまり、一括弁済を求められてしまうと自己破産するしかなくなってしまいます。ただし、機関保証の場合は、本人が自己破産すれば負債はそこで清算されます。

　人的保証を選んだ場合、本人が自己破産しても、負債はなくならず、連帯保証人に請求されます。連帯保証人が払えなければ保証人に請求されます。誰かが払うか、全員が自己破産するまで請求は続きます。

　いったん奨学金の受給が始まったあとでは、機関保証から人的保証への変更はできません。人的保証を選んだ場合は、連帯保証人の死亡などの事情があれば機関保証に変更できます。その場合、保証料は一括で支払うことを求められます。

　現在、機関保証を選んでいる方は全体の43.5％（2015年度）で、年々増加してきています。どちらも一長一短ですが、万が一に備えるという意味では機関保証を選択するほうがよいでしょう。もちろん、どちらを選ぶかは最終的には利用する人が判断すべきことですが、**本書では機関**

34

第2章　日本学生支援機構の奨学金制度を理解しよう

保証制度の選択を強くおすすめします（図表2-3）。

❸ 固定利率か、見直し利率か

　日本学生支援機構の第二種奨学金には、金利が固定されている「利率固定方式」と、景気に応じて変動する「利率見直し方式」の2つがあり、どちらかを選択しなければなりません。「利率固定方式」では、貸与終了時に決定した利率が返済完了まで適用されます。「利率見直し方式」は返済期間中、5年ごとに見直された利率が適用されます。適用される金利は、財政融資資金の利率です。市場金利ですが、国債よりやや高いくらいの低金利と考えておけばいいでしょう。日本学生支援機構の貸付利率は、民間の金融機関に比べるとかなり低いのです。予約採用時にどちらを選んだとしても、4年後の大学卒業時には変更することもできます。

　では、どちらを選ぶ方が有利なのでしょうか。

　一般的には、金利が将来上昇すると思えるときには現在の利率から変わらないほうがよいので「利率固定方式」を選びます。最初に決めた金利が最長20年間適用され、将来どんなに金利が上昇しても変わりません。例えば、現状では0.16％（2016年3月時点）の金利が適用されます。超低金利時代で、将来の金利上昇が予想されますので、**今であれば利率固定方式の選択は有力です。**

　一方、利率が変動する利率見直し方式の現在の利率は0.1％ですので、利率だけを比べればこちらの方が有利です。この先、さらに金利が下落すると予想できれば変動利率を選択してもいいのですが、将来、市場金利が上昇すれば、利率も上昇するリスクがあります。

　ただし、日本学生支援機構の利率見直し方式では、利率の上限は3％と決められています。1984（昭和59）年に入学時特別増額貸与奨学金が導入されたときにはこの制度がなかったため、当時の財政融資資金の利率7.1％という高金利がそのまま適用されたこともありました。現在

35

第 1 部　奨学金を有意義に活用するために

でも、財政融資資金の利率が3.1％を超える場合は、入学時特別増額貸与奨学金などの増額部分には、財政融資資金の利率が適用されます。

　ただ、上限が決められていて安心だからと、変動利率の0.1％を選択すべきともいえません。固定利率の0.16％は十分低い金利だからです。金融の専門家でも将来の利子率がどうなるのか予測はできません。現時点であれば、利率固定方式を選択してもよいでしょう。

Ⅳ　シミュレーションで返済プランを立てる

　利用金額、保証制度、利率について理解できたところで、実際にどのくらいの返済プランになるのかを調べてみましょう。日本学生支援機構のウェブサイトで簡単に返済シミュレーションを計算してもらえます。とても使いやすいので、ぜひ活用してください。

　従来は、利率を上限の3％に固定した「簡易シミュレーション」と、利率を任意に設定できる「詳細シミュレーション」の2種類がありましたが、2017年9月から「簡易シミュレーション」が利用停止になり、新たに「所得連動返還シミュレーション」が登場しました。

　利用する奨学金の種類や金額、年利などの必要事項を入力すると、卒業後に毎月返済しなければならない金額がわかります。これを確認しておくことは絶対に必要です。

❶ 詳細シミュレーションを使ってみる

　それでは、実際にシミュレーションを用いて試算してみましょう。日本学生支援機構のウェブサイトで「奨学金貸与・返還シミュレーション」のページを開き、左側の「詳細シミュレーション」をクリックします。

　順に質問に答えていけばいいのですが、最後の質問 6「貸与利率」

第2章　日本学生支援機構の奨学金制度を理解しよう

が難しいところです。ここでは2007年4月以降の採用者に適用されていた利率固定方式による利率0.27％を使います。

以下では利用金額を最大にした場合を想定してみます。

---

1. どちらの奨学金を希望しますか？

　　→一番下の「併用貸与」を選びます。

2. シミュレーションする学種はどれですか？

　　→「大学」を選びます。

3. 入学年度は、いつですか？

　　また、貸与期間はいつからいつまでを希望しますか？

　　→「2018年4月入学」で計算しましょう。大学は4年間として、
　　　「2018年4月から2022年3月まで」と入力します。

4. 貸与月額は、いくらにしますか？

　　また、入学時特別増額貸与奨学金を希望しますか？

　　→学部4年間で利用できる最大金額を計算しますから、第一種
　　　奨学金は「私立・自宅外の6万4000円」を、第二種奨学金は
　　　「12万円」を選択します。入学時特別増額貸与奨学金も「50万
　　　円」の最大額を選びます。

5. 機関保証制度を利用しますか？

　　→「利用する」を選びます。

6. 貸与利率は、何％にしますか？

　　→ここでは利率0.27％を使います。

これで入力終了です。「計算する」をクリックします。

保証料に注目してください。通常の学部で最大限に奨学金を利用したときには、合計で毎月1万円近い保証料がかかります。利用金額は、第一種奨学金が6万4000円、第二種奨学金が12万円ですから、毎月

37

第1部　奨学金を有意義に活用するために

入力内容

希望する奨学金	併用貸与	学種	大学（学部）
貸与月額（第一種奨学金）	64,000円	入学時特別増額	500,000円
貸与月額（第二種奨学金）	120,000円	貸与利率	0.27%
入学年度	2018年度	機関保証制度	利用する
貸与期間	2018年4月～2022年3月（48か月）		

保証料

保証料（第一種奨学金）

保証料月額（第一種奨学金）	保証料総額
2,666円	127,968円

保証料（第二種奨学金＋入学時特別増額貸与奨学金）

保証料月額（初回）	保証料月額（通常）	保証料総額
33,492円	6,482円	338,146円

出所）日本学生支援機構ウェブサイトより

　合計18万4000円が利用金額となります。ただし、ここから第一種奨学金の保証料2666円と第二種奨学金の保証料6482円の合計9148円が天引きされますので、実際に入金される金額は17万4852円となります。

　細かい話をすると、第二種奨学金の保証料の端数は最初の振込月で精算されますから、2018年4月の入金額は、18万4000円から2666円と3万3492円が差し引かれて、14万7842円になります。入学したばかりの4月には教科書代などでとくにお金がかかりますが、天引きされる金額も大きいのです。予定していた金額が手に入らないで困るということのないように、頭に入れておいてください。

　次に返済プランを見てみましょう。

　第一種奨学金の貸与総額は307万2000円、第二種奨学金の貸与総額は入学時特別増額貸与奨学金を含めて626万円です。入学時増額分は第

第 2 章　日本学生支援機構の奨学金制度を理解しよう

返還例

返還例（第一種奨学金）

貸与総額		貸与利率	返還期間（年）	
3,072,000 円		——	2022 年 10 月～2042 年 9 月（20 年）	
返還方法		返還額	返還回数	返還総額
月賦返還		（通常）12,800円/月 （最終）12,800円/月	240 回	3,072,000 円
月賦半年賦 併用返還		（通常）　6,400円/月 （最終）　6,400円/月	240 回	3,072,000 円
		（通常）38,400円/半年 （最終）38,400円/半年	40 回	

返還例（第二種奨学金 + 入学時特別増額貸与奨学金）

貸与総額		貸与利率	返還期間（年）	
	6,260,000 円	——	2022 年 10 月～2042 年 9 月（20 年）	
内訳	5,760,000 円	0.27%（基本月額）		
	500,000 円	0.47%（入学時増額分）		
返還方法		返還額	返還回数	返還総額
月賦返還		（通常）26,875円/月 （最終）27,008円/月	240 回	6,450,133 円
月賦半年賦 併用返還		（通常）13,437円/月 （最終）13,560円/月	240 回	6,450,479 円
		（通常）80,636円/半年 （最終）80,672円/半年	40 回	

出所）日本学生支援機構ウェブサイトより

　二種奨学金より 0.2％金利が高くなっています。返還総額は 645 万 133 円で、そのうち金利分は 19 万 133 円です。毎月の返済額は、第一種奨学金 1 万 2800 円、第二種奨学金 2 万 6875 円で、合計 3 万 9675 円です。約 4 万円の返済が卒業後 20 年間続くことになります。

　毎月 4 万円の返済も、収入が順調で返済が滞りなくできれば問題ありませんが、病気や事故、失業などで 1 か月でも返済が滞るととたん

39

第1部　奨学金を有意義に活用するために

に大変になります。翌月には2か月分、約8万円の請求がきます。収入がないときにはとても厳しい金額です。

　現在、日本学生支援機構の延滞金額は合計で約880億円分です。1日以上延滞している方は32万8000人、そのうち、より深刻な3か月以上の延滞者は16万5000人です。3か月分以上となると、返済金額の3倍以上をまとめて払わねばなりませんから大金が必要になります。それだけではありません。延滞した金額については、5％の延滞金がつきます。一度こうなってしまうと、無利子だと思っていた第一種奨学金の返済額が延滞金でどんどん増えていってしまいます。延滞したらどうなるのかについては、第2部で詳しく説明します。

② 所得連動返還シミュレーションを使ってみる

　もう一度「奨学金貸与・返還シミュレーション」のページに戻り、今度は右側の「所得連動返還シミュレーション」を使ってみましょう。

　2017年度から新設された新所得連動返還型奨学金については43頁以降で説明しています。利用できるのは第一種奨学金のみですのでご注意ください。では、順番に入力してみましょう。

Step 1 所得連動返還方式対象奨学金の貸与総額はいくらですか？

　→右側の「貸与明細を作成して貸与総額を求める」をクリックしてください。「学校の種類」「入学年度」「貸与期間」の入力欄が出てきます。「学校の種類」は「大学（学部）」を、「入学年度」は「2018」年、「貸与期間」は「2018年4月〜2022年3月」を選択します。月額は第一種奨学金の利用金額である3万円から6万4000円までの選択肢から選びます。ここでは6万4000円を選択してみましょう。

　ここまで入力したら「確定」ボタンをクリックします。貸

第 2 章　日本学生支援機構の奨学金制度を理解しよう

与総額3,072,000円と提示されます。**Step2**に進みます。

Step 2 返還開始年月はいつですか？

→卒業後7か月目にあたる「2022年10月」を入力します。

Step 3 返還開始1年目の返還月額を選択してください

→「定額返還方式で返還する場合の返還月額の半額」を選択。

Step 4 想定収入はいくらですか？

→将来のことですから確実なことはわかりません。ここでは50歳までの平均年収を350万円と考えてシミュレーションしてみます。「収入の種類」で「年収」を選び、「各期間の収入の入力方法」で「各期間ごとに収入を入力する」をクリックします。すると「年収」欄が出ますので、「2050年まで3500000円」と入力します。

最後に「**Step 1 ～ Step 4** までを確定する」をクリックし、「シミュレーション結果を確認する」をクリックすると結果の画面が出ます。

「返還月額」がグラフで示されます。「グラフの詳細表示」をクリックすると数字がわかります。返済が始まる最初の年である2022年は毎月7111円、翌年から返済が終わる2046年4月までは毎月1万1025円の返済です。

条件を変更して、**Step 3** で1年目に「最低月額（2000円）」を選択した場合と比べてみましょう。同じ年収350万円で設定した場合、返済完了が2046年10月と、半年間延びてしまいます。

また、従来の「定額返還方式で返還した場合」と比較すると、定額返還方式の場合は2040年に返済が終わります。18年間、毎月1万4222円の返済です。第一種奨学金は金利がかかりませんので、どの方法を選んでも返済総額は変わりません。収入が不安定であるとか、第二種奨学金と併用しているといった方にはおすすめです。

41

第 1 部　奨学金を有意義に活用するために

Ⅴ　日本学生支援機構の新しい制度

　日本学生支援機構は、2017年度に給付奨学金と新所得連動返還型奨学金という 2 つの制度を新設しました。

❶ 給付奨学金

　給付型の奨学金は、法律上は「学資支給金」といいますが、日本学生支援機構は「給付奨学金」とパンフレット等で表現していますので、ここでも給付奨学金と表記します。給付奨学金は返済の必要がありませんから、これまでの第一種奨学金、第二種奨学金に比較してとても有利ですが、それだけに支給条件は厳しいです。

　2018年度からは 1 学年当たり約 2 万人に支給されます。各高校に最低でも 1 人を割り振った上で、必要に応じて配分されます。2017年度は、学費と生活費の負担が大きい「自宅外から私立大に通う方」を対象にスタートし、2018年度からはそれ以外の方も対象になりました。金額は、「国公立か私立か」、「自宅からか自宅外からか」という区分に応じて、 2 万円、 3 万円、 4 万円が支給されます。

区分	自宅通学	自宅外通学
国公立	2 万円	3 万円
私立	3 万円	4 万円

　2018年進学予定の方からは高校在学中に申し込みます。家計基準として、「住民税非課税世帯」もしくは「社会的養護を必要とする人」であることが条件です。

　また、次のような学力・資質の条件があります（**図表 2 - 4**）。

42

第2章　日本学生支援機構の奨学金制度を理解しよう

図表 2-4　学力・資質基準

次の**ア**又は**イ**のいずれかに該当し、進学の目的及び意思が明確な給付奨学生として相応しい人を、高等学校等が定める基準に基づき学校長が推薦します。
ただし、「社会的養護を必要とする人」は、次の**ウ**のいずれかに該当するとして、各高等学校等の学校長から推薦される人も学力・資質基準を満たすものとします。

社会的養護を必要とする人以外の対象者	社会的養護を必要とする人
ア 十分に満足できる高い学習成績を収めており、進学後も特に優れた学習成績を収める見込みがあること **イ** 教科外の活動が特に優れ、かつ、概ね満足できる学習成績を収めており、進学後に特に優れた学習成績を収める見込みがあること	**ウ** 次のいずれかに該当 ・特定の分野において特に優れた資質能力を有し、大学等への進学後、特に優れた学習成績を修める見込みがあること ・大学等における学修に意欲があり、大学等への進学後、特に優れた学習成績を収める見込みがあること

出所）日本学生支援機構給付型奨学金パンフレットより

　このように、これまでの貸与型奨学金と比較して厳しい条件となっていますが、返済の義務がないことが最大の利点です。また、第一種奨学金、第二種奨学金と併用できますが、国立大学等で授業料の全額免除を受ける場合には、交付金額が次のように減額されます。私立大および国立の一部減免では減額されません。

・自宅外通学　3万円　→　2万円
・自宅通学　　2万円　→　0円

② 新所得連動返還型奨学金

　これまでにも所得連動返還型の制度はあり、年収300万円までは返済が猶予されています。これまでの制度では、年収300万円以下の一般猶予では最長10年間の猶予期間が認められますが、年収300万円を超えると通常の元利均等割の金額での返済義務が生じていました。第一種奨学金を申し込んだ時点で年収300万円以下の家計では、年収300万円を超えるまで返済は猶予されていました（**図表2-5**）。

43

図表 2-5　これまでの所得連動返還型奨学金のイメージ

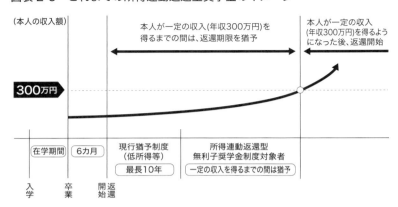

出所）日本学生支援機構ウェブサイトより

　新設された新所得連動返還型奨学金は、これまでの300万円という年収枠に関係なく、前年の課税対象所得の 9 ％を返済金額としています。これを12か月で割った金額が毎月の返済金額となります（**図表 2 - 6**）。ただし、対象は第一種奨学金だけで、第二種奨学金の返還には選択できません。また、この新所得連動返還型を利用する場合、機関保証を選択する必要があります。人的保証で申し込んだ奨学金を途中から新所得連動返還型に変更する場合は、機関保証に変更し、過去に遡って保証料を負担しなければなりません。

　新所得連動返還型には、年収を把握する手段としてマイナンバー制度が利用されますから、マイナンバーの届け出が必要となります。また、年収100万円以下で課税所得がゼロでも「返還最低金額」として毎月2000円が請求されます。ただし、本人の年収が300万円以下で、返還が困難な場合、返還期限猶予の利用が可能です。

図表 2-6　新所得連動返還型奨学金のイメージ

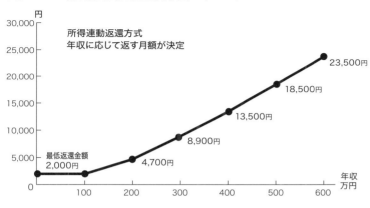

出所）日本学生支援機構「新所得連動返還型パンフレット」より作成

　日本学生支援機構のウェブサイトでは、月額5万4000円をモデルに、従来の定額返還方式で計算例を出しています。これまでの定額返還方式ですと、返済期間15年間で返済額は毎月1万4400円です。同じ金額を借りて新所得連動返還型を選択しますと、所得金額が約450万円を超えると定額返還方式よりも返済金額は増えます。返済金額が増えれば、定額返還方式の15年より早く返済が終了します。新所得連動返還型では、その前年度の収入で返済金額が変動しますから、返済期間は確定しません。15年より早く終わるときもあれば、遅くなるときもあります。

　金融実務的に考えれば、この新所得連動返還型の方が合理的です。収入が増えれば返済できる金額も増えるはずだからです。しかし、現実はそう簡単ではありません。年齢に応じて収入が増えれば、家計に必要な金額も増え、また住宅ローン、教育費などもありますから、自由に使えるお金はなかなか増えません。収入が増えた分、奨学金の返済金額も増えたのでは、生活が楽になったという実感を得られにくいということも

あります。定額返還方式と新所得連動返還型を比較すれば、新所得連動返還型がおすすめなのですが、返済金額が毎年変動する、終了期間が定まらない、ということが嫌ならば、従来の定額返還方式の選択も有力です。

では、変更はどのようにできるのでしょうか。卒業する時点まででしたら、所得連動返還方式から定額返還方式へ変更することができますし、逆に、定額返還方式から所得連動返還方式へも変更できます。ただし、卒業して返還が始まったら、定額返還方式から所得連動返還方式への変更はできますが、所得連動返還方式から定額返還方式への変更はできません。

だとすると、収入が安定しているならば、わかりやすい定額返還方式を選択し、思うように収入が上がらないのであれば、その時に所得連動返還型に変更するという考え方も有力です。とくに収入が厳しければ、年収300万円以下の方を対象とする返還猶予も申請できます。ただし、新所得連動返還型は機関保証が前提であるということは忘れないでください。このことも含めて、保証は機関保証の選択がおすすめです。

第2章 まとめ

- 2017年から、第一種奨学金（無利子）の対象者が増えました。
- 奨学金の金額を決めるときは、返すときのことを考えましょう。
- 日本学生支援機構のウェブサイトで、「奨学金貸与・返還シミュレーション」を使うと、返済総額と毎月の返済金額がわかります。
- 自分の支出を予想してみましょう。
  支出 ＝ 学費 ＋ 生活費

- 自分の収入を計画してみましょう。
  収入＝家計からの仕送り＋アルバイト代＋第一種奨学金＋第二種奨学金

- 保証制度の選択は、「機関保証」がおすすめです。
- 給付型奨学金は返済の必要がない、とても有利な奨学金で、他の奨学金と併用できますから、条件が合えば申し込みましょう。
- 第一種奨学金に限って新所得連動返還型が選択できます。年収に応じて返済金額が決定されます。ただし、年収約450万円程度までなら、従来の所得連動返還型の返済金額の方が低いです。
- 利用期間中は、定額返還方式と新所得連動返還型のどちらにでも変更できますが、返済が始まると定額返還方式から新所得連動返還型への変更しかできません。また、所得連動返還型を利用するには機関保証の選択が必須です。

コラム

高校生のきみに

●高校1年生・2年生のきみに

　高校生活は楽しく送れていますか？　部活や勉強やおしゃべりで忙しい毎日かな？

　もしかしたら、きみは運動部の部長としてチームを県大会へ導こうと、日々頑張っているかもしれない。もしかしたら、文化部の部員として次の発表会のため、毎日遅くまで学校で活動しているかもしれない。もしかしたら、放課後はバイトに明け暮れているかもしれない。

　きみが今、どんなに忙しくても、少しずつでいいから自分の進路のことも考えてほしい。

　もし、きみが大学進学を考えているのなら、まず重要なことは「学力」だけど、そんなことは百も承知だよね。

　次に必要なことは、「経済力」だ。もちろん、きみのではなく、きみの保護者の「経済力」だ。保護者の方は、きみの進学のために、いくら出してくれるだろうか。具体的な金額を話し合ったことはあるだろうか。

　残念なことに、この国は先進国とされるOECD（経済協力開発機構）加盟35か国中で、大学進学の公費負担が最低の国なんだ。つまり、大学進学には多額のお金がかかるから、家計状況がきみの進学を左右することになってしまう。

　「だいじょうぶ。おまえはそんなことを心配することはない。勉強だけしていればいい」と言われたきみはラッキーだけど、そうじゃないからといって親を恨まないでほしい。残念ながら多くの家庭はそれほど余裕がないのが現実なんだ。

　大学へ進学するために足りない金額を、どのように補てんするか、その最有力候補は日本学生支援機構の奨学金になってくる。現在、大学生の半分近くが奨学金を借りて大学に進学している。

　でも、ほとんどの奨学金は貸与型といって、将来返さなければならない。つ

まり借金ということになる。だから、利用にはくれぐれも慎重になってほしい。

　ところで、きみの1年次の評定平均（5段階評価成績の平均値）は、どれくらいだろうか。評定平均が、3.5（3と4が半分ずつ）以上ないと、日本学生支援機構の第一種奨学金（無利子奨学金）が受けられないことを知っているだろうか。それ以下だと有利子の第二種奨学金しか応募できない。審査の基準になるのは2年次の評定平均との平均値だから、第一種奨学金を狙うなら、今からでも勉強を頑張ってみることをおすすめする。進学はやっぱり「学力」だ。

●高校3年生のきみに

　いよいよ進路選択の時期が迫ってきたね。この本を読んでいるということは受験を決意したのかな。でも、きっと部活もまだ続いているだろう。運動部のきみの最後の大会はいつだろう、6月かな。野球部で甲子園を目指していれば夏休みだろうし、サッカー部だったらお正月明けかもしれない。

　まだまだ忙しいだろうけど、まず、4月に配布される「1年間の進路行事予定」を見てほしい。その中に、「奨学金の説明」の日程があるだろうか。もしなければ、HR担任の先生に確認してみよう。

　日本学生支援機構の奨学金は、在学している高校が窓口になっている。3年の春に学校で説明会が開催されるはずだから、必ず参加しよう。「申込用紙」も「結果通知」も、すべて学校を通して配布されるから、日程の確認はとても大切になってくる。

　説明会で配布される資料には、申込み用の書類も綴じ込んであるから、なくさないように大事に保管してほしい。

　というのも、この書類は法律的な効力をもつ「契約書」になるからだ。奨学金を借りるのは、高校3年生のきみ自身だ。もちろん返すのもきみ自身で、保護者の方ではない。高校3年生のきみが、何百万円もの借金をして、将来必ず返しますと約束をする。奨学金というのはそういう制度なんだ。そのことを十分理解したうえで、利用するかどうかを決めてほしい。

　いったん契約してお金を借りれば、きみは大学卒業後、15〜20年かけて毎月お金を返さなければならない。だから金額についても慎重に決める

必要がある。

　申込みの窓口は在学している高校だが、奨学金担当の先生がなんでも知っているわけではない。質問すればきっと答えてくれるだろうが、係の先生だって、担任があり、部活の顧問もやっていて、もちろん毎日授業だってある。そんな忙しい中でマニュアルを見ながら説明するしかない。不思議なことに、生徒は日本学生支援機構に直接問い合わせることができない。申込書類やウェブサイトの説明を読みながら、きみ自身の力で理解しなければならない。

●奨学金を借りることを決断したきみに

　もしかしたら、きみのご両親は、日本育英会と呼ばれた時代の奨学金をご存知かもしれない。現在の日本学生支援機構の奨学金制度は、日本育英会を引き継いだものだが、その性質は全く違っている。日本育英会には免除職といって、特定の職業に就けば返済しなくていいという規定があったが、現在は給付型奨学金でないかぎり、全員必ず返済しなければならない。返済が滞れば延滞金が発生し、第二種奨学金では利子の返済もしなければならない。

　脅かすわけではないけれど、奨学金を借りるということは、大学に進学するかどうかと同じくらい、すごく重要な決断だということを忘れないでほしい。

　高校で申込みをする日本学生支援機構の奨学金のことを、「予約採用」という。「結果通知」が来て、奨学金の候補者に決定しても、すぐに奨学金が受けられるわけではない。大学に合格して、進学した後、所定の手続きをしてはじめて正式に奨学金を受けられるようになる。高校での手続きと大学での手続き、2つが必要なことは覚えておこう。

　高校で「予約採用」を申し込まなかった場合、進学した大学でも奨学金を申し込むことができる。予約採用で、不採用になった場合でも、大学で採用になる可能性もあるので諦めないでほしい。

　きみが残り少ない高校生活を楽しめることを心から祈っている。

（仲野　研）

第3章 日本学生支援機構の奨学金を申し込む

日本学生支援機構の奨学金には、
高校在学時に申し込む「予約採用」と、
大学に進学してから申し込む「在学採用」の2種類があります。
チャンスが二度あると考えて、まずは予約採用を申し込むことを
おすすめします。
本章では四年制大学への進学を例に、奨学金の
具体的な申込み手続きを説明します。

I 高校3年時に申し込む予約採用

　高校3年生になると、ほとんどの高校で4月か5月に日本学生支援機構奨学金の説明会が行われます。ここで奨学金担当の先生あるいは職員から奨学金についての説明があり、資料が渡されます。いきなり「奨学金」といわれても、高校生には判断できないことも多いので、保護者と相談して決めることになります。

　そこで、ぜひこの機会に、家族で進学について話し合っておくことをおすすめします。まず本人に進学の意思があることを確かめ、どのよう

第 1 部　奨学金を有意義に活用するために

な大学で何を学びたいと考えているのか、在宅で通えるかどうか、必要な学費と生活費はどのくらいかなどを一緒に確認します。その上で、家計からいくら出せるか、奨学金を借りる必要があるかどうか、返済は可能かなどの計画を共有しておきましょう。

その際は本書の第 1 章と第 2 章をよく読み、説明会で配られる資料や、日本学生支援機構のウェブサイトも参考にして、奨学金を利用するかどうかを慎重に決めてください。

❶ 奨学金を申し込むときの 5 つのポイント

奨学金を申請することが決まったら、次の 5 つのポイントを検討します。

〈奨学金を申し込むときの 5 つのポイント〉

①第一種奨学金と第二種奨学金のどちらを利用するのか。入学時特別増額貸与奨学金は利用するのか。

②利用金額をいくらにするのか。

③人的保証か機関保証か。

④第二種奨学金と入学時特別増額貸与奨学金を利用する場合は、利率の算定方法を「利率固定方式」と「利率見直し方式」のどちらにするのか。

⑤2017 年 4 月からの第一種奨学金の利用者は、従来の定額返還方式か新しい所得連動返還方式のどちらにするのか。

それぞれの内容については第 2 章で説明しましたので、参考にしてください。

予約採用のおおまかな流れは次ページの**図表 3 - 1** のようになっています。

52

第3章　日本学生支援機構の奨学金を申し込む

図表 3-1　予約採用の流れ

募集（機構▶学校▶生徒）

⬇

申込み・書類提出（生徒▶学校）

⬇

推薦（学校▶機構）

⬇

日本学生支援機構での選考

⬇

「採用候補者決定通知」の交付（機構▶学校▶生徒）

⬇

この期間内に「国の教育ローン」※**の申込み**（対象者のみ）

入学時特別増額貸与奨学金の採用候補者のうち、採用候補者決定通知において、「日本政策金融公庫の手続き必要」と通知された人のみ手続きが必要です。
※国の教育ローンは、日本政策金融公庫が融資するものです。

〔進学前〕

⬇

進学届の提出（学生▶進学先の学校）

※提出はインターネットで行うため、採用候補者決定通知を進学先へ提出し、パスワード等取得する必要があります。
重要 進学後、速やかに進学届を提出しない場合は採用になりません。

⬇

採用の決定・通知（機構▶進学先の学校▶学生）

⬇

返還誓約書の提出（学生▶進学先の学校▶機構）

⬇

奨学金振込み

⬇

卒業（貸与終了）

⬇

返還

〔進学後〕

出所）日本学生支援機構ウェブサイトより

第1部　奨学金を有意義に活用するために

② 説明会に参加する（高校3年の4月後半〜5月）

　以下では申込みの過程を時系列で説明します。

　高校3年の春、学校で行われる日本学生支援機構奨学金の説明会が開催されます。ここで配付されるのが「奨学金案内（国内用）――大学・短期大学・専修学校専門課程に進学予定の奨学金を希望する皆さんへ」という冊子です。

　奨学金を申し込むと決めたら、冊子に綴じ込まれている「スカラネット入力下書き用紙」に必要事項を記入します。たくさんの質問に答えないといけませんが、本書52頁の「奨学金を申し込むときの5つのポイント」をあらかじめ決めておけば記入がしやすくなります。

　ここに書き込んだ内容をもとに、後日、インターネットから奨学金の申込みをすることになりますので、漏れがないように記入しておきましょう。学校から渡される「ユーザID」と「パスワード」も必ず書き写しておきます。

③ 申請に必要な書類を提出する（5月〜6月）

　この時期には、いよいよ申請が始まります。必要な書類をそろえて、学校が指定する期日までに提出しなければなりません。

　日本学生支援機構は提出される書類についてたいへん厳密です。しかしこれは、高額なお金を長期にわたって借りるための契約書の作成なのですから当然ともいえます。公式な書類ですので、不備のないように気をつけましょう。

　最初に提出する書類は以下の2点です。

① 確認書兼個人信用情報の取り扱いに関する同意書

② 保護者の収入に関する証明書

　提出が必要な書類は早めに準備しておきます。とくに、収入を証明す

第3章　日本学生支援機構の奨学金を申し込む

る書類は役所で取得しないといけませんので取得に時間がかかります。

　①は、「奨学金案内」の最後に綴じ込まれています。これは申込書ではなく「同意書」です。裏面には、小さな字で、同意が必要な内容がぎっしり書いてあります。すべて理解する必要はありませんが、とくに大切なのは次の点です。

　「私は、奨学金の返済が遅滞した後は、個人情報が機構が加盟する個人情報機関に登録され（中略）自己の与信取引上の判断のために利用されることに同意します」とあります。「与信」というのは金融業界の用語で、相手を信頼して金銭を貸すことができるということです。

　これは、もし一定期間以上、奨学金の返済が遅れると、そのことが信用情報機関に事故情報として伝えられて、いわゆるブラックリストに記録されてしまうことに同意してください、という意味です。奨学金の返済がとどこおると、日本学生支援機構は銀行業界が加盟している全国銀行個人信用情報センターに事故情報として氏名などを登録します。この情報は銀行に限らず、ほとんどすべての金融機関が信用情報として利用できます。ただ、登録されたからといって、すぐに他の金融機関でローンを組んだり、クレジットカードを作ったりすることができなくなるというわけではありませんが、その心配があります。それでは困ると思っても、同意しなければ日本学生支援機構の奨学金を利用できません。

　この同意書と一緒に提出するのが、②「保護者の収入に関する証明書」です。これは各市区町村が発行するもので、「所得証明書」「課税証明書」(収入が少ない場合は「非課税証明書」) など、自治体によって名称が異なる場合があります。いずれにしても、前年度の保護者の方の所得を証明する書類です。以前は、保護者が給与所得者の場合には源泉徴収票の写しを提出すればよいとされていましたが、現在では認められていません。前年度の収入に関する証明は、市町村によって発行にかかる日数が異なっていますから、時間に余裕をもって早めに手続きしましょう。また、例

55

第1部　奨学金を有意義に活用するために

えば母親が専業主婦で収入がない場合でも、証明書は必要になります。

④ インターネットで申し込む（6月〜7月）

　必要な書類がそろい、学校から指示があったら、準備しておいた「スカラネット下書き用紙」にしたがって日本学生支援機構のウェブサイトから奨学金の申込みをします。

　スカラネット入力が完了すると、日本学生支援機構から受付番号が交付されます。これは、先の「確認書兼個人信用情報の取り扱いに関する同意書」に記入する必要がある、とても重要なものです。必ずメモして忘れないようにしてください。

　スカラネット入力が完了し、「確認書兼個人信用情報の取り扱いに関する同意書」と保護者の方の収入に関する証明書が提出されると、申込みは完了です。提出が必要な書類は、申込者全員の分をまとめて学校から日本学生支援機構へ郵送されます。そのため、1人でも提出が遅れてしまうと郵送できませんので、提出期限は厳守してください。

⑤ 書類の不備に対応する（7月〜8月）

　提出した証明書になんらかの不備があった場合は、日本学生支援機構から不備書類の再提出を求める連絡が学校に入ります。時期的には夏休み頃になりますが、書類に不備があったりして再提出の連絡が来たら、すみやかに対応しなければなりません。そうしないと辞退したことになってしまいますので気をつけましょう。

　提出した書類は法的な効力をもつ契約書ですから、厳格に作成することが求められています。印鑑を押す場所がある場合は、印影が欠けていたり、かすれていたり、曲がっていたりするだけでも申請し直しになります。「自署」となっている欄は自分で書かなければいけません。代わりに親が書いてしまったりすると、再提出を求められます。

56

第3章　日本学生支援機構の奨学金を申し込む

6 採用の連絡（10月〜11月）

　書類に不備がなく、無事に申請がとおれば、日本学生支援機構から学校に、「大学等奨学生採用候補者決定通知」が届きます。この書類を受け取ることで「予約採用」が決定します。

　利用できる奨学金の種類もこのときにわかります。第一種奨学金は不採用で、第二種奨学金のみ採用されるということもあります。予約採用で第一種奨学金が不採用になっても、進学先の大学で、再度、在学採用にチャレンジできます。ですから、採用不可になったからといって、第一種奨学金をあきらめる必要はありません。

　実際に奨学金を利用できるのは大学に合格して入学したあとです。高校で受け取る書類は、大学進学後の手続きの際に必要ですから大切に保管しておきます。進学後に大学で手続きを行って初めて、奨学金の利用ができるようになります。

　ただし、せっかく採用されても、もし浪人してしまったら、手続きはすべて無効になります。翌年、卒業した高校に行き、同じ手続きを最初から行わなければなりません。卒業後2年以内であれば、卒業した高校で手続きをします。

7 大学に進学してからの手続き（翌年4月以降）

　高校で奨学金の申込み手続きを完了している方は、進学後、大学に「採用候補者決定通知」を提出します。すると大学から識別番号（ユーザIDとパスワード）を渡されますから、それを使って、インターネットでスカラネット・パーソナルにアクセスして進学届を提出する必要があります。この手続きをしないと、辞退と見なされてしまい、奨学金を受け取れません。

　この手続きを無事終えると、日本学生支援機構から採用決定の通知が

57

第 1 部　奨学金を有意義に活用するために

送られてきます。そこに同封されている「返還誓約書」を提出すれば、奨学金の振込が開始されます。提出が終わると、スカラネットに「提出済み」という表示が出ます。機関保証を選択した方は一緒に「保証依頼書・保証料支払依頼書」も提出します。

　第 1 回目の振込は 4 月20日以降です。そのため、入学したらすぐに手続きを行うことが大切です。手続きが遅れて 4 月分の振込に間に合わない場合は 5 月の振込日まで入金を待たないといけなくなりますので気をつけましょう。

　入学後は慣れない環境に加え、時間割の選択、サークル勧誘など、慌ただしい生活が始まりますが、奨学金の手続きは忘れずに済ませておきましょう。

Ⅱ　進学先の大学で申し込む在学採用

　進学先の大学で奨学金を申し込む方法を在学採用といいます。在学採用でも、予約採用と同じように学力基準と家計基準があります。 1 年次と 2 年次では基準が異なります。

❶ 学力基準

第一種奨学金の学力基準

〈1 年次〉

　次のいずれかに該当すること

　1　高校または専修学校高等課程最終 2 か年の成績の平均が3.5以上

　2　高等学校卒業程度認定試験合格者

〈2 年次〉

　本人の属する学部（科）の上位 1 / 3 以内

第3章　日本学生支援機構の奨学金を申し込む

第二種奨学金の学力基準

　　1～4のいずれかに該当すること

　1　出身学校または在籍する学校における成績が平均水準以上と認められる人

　2　特定の分野で特に優れた資質能力を有すると認められる人

　3　学修に意欲があり学業を確実に修了できる見込があると認められる人

　4　高等学校卒業程度認定試験合格者で、上記のいずれかに準ずると認められる人

② 家計基準

　在学採用での家計基準は、第一種奨学金のみ、第二種奨学金のみ、第一種奨学金と第二種奨学金の併用、自宅からの通学か自宅外か、公国立大か私立大か専門学校か、大学か短大か、何人家族か、によって収入の上限額が決まっています。日本学生支援機構のウェブサイトで確認してください。

　第一種奨学金の場合、基準を満たしていても採用されるとは限らないのは予約採用と同じですが、在学採用の第一種奨学金の枠は予約採用とは別ですから、高校で不採用でも大学では採用される場合があります。

③ 11通りの選択肢

　すでに予約採用で奨学金の貸与が決まっている方と、新規に申請する方がいますので、第一種奨学金と第二種奨学金の利用の組合せは**図表3-2**のように11通りあります。

　ほとんどの方は、「**（6）併用貸与不採用及び第一種奨学金不採用の場合、第二種奨学金を希望します**」が現実的な選択となるでしょう。これは、「第一種奨学金と第二種奨学金の両方同時に貸与を受けることが第一希望だが、それができなければ第二希望は第一種奨学金のみ、不採用の場合

59

第 1 部　奨学金を有意義に活用するために

図表 3-2　第一種奨学金と第二種奨学金の利用の組合せ

スカラネット E- 奨学金情報の表示	解　説
(1) 第一種奨学金のみ希望します。	**第 1 希望：第一種** 第一種奨学金が不採用となっても第二種奨学金は希望しない。
(2) 第一種奨学金を希望するが、不採用の場合第二種奨学金を希望します。	**第 1 希望：第一種　　第 2 希望：第二種** 第一種奨学金が不採用となった場合は、第二種奨学金を希望する。
(3) 第二種奨学金のみ希望します。	**第 1 希望：第二種** 第一種奨学金の基準に該当しない。 または第一種奨学金を希望しない。
(4) 第一種奨学金及び第二種奨学金との併用貸与のみを希望します。	**第 1 希望：第一種と第二種（併用）** 第一種奨学金と第二種奨学金を両方同時に貸与が受けられなければ、奨学金を希望しない（どちらか一方のみの貸与は希望しない）。
(5) 併用貸与を希望するが、不採用の場合第一種奨学金のみ希望します。	**第 1 希望：第一種と第二種（併用）** **第 2 希望：第一種** 第一種奨学金と第二種奨学金を両方同時に貸与が受けられなければ、第一種奨学金を希望する（第二種奨学金のみの貸与は希望しない）。
(6) 併用貸与不採用及び第一種奨学金不採用の場合、第二種奨学金を希望します。	**第 1 希望：第一種と第二種（併用）** **第 2 希望：第一種　　第 3 希望：第二種** 第一種奨学金と第二種奨学金を両方同時に貸与が受けられなければ、第一種奨学金を希望するが、不採用の場合は、第二種奨学金を希望する。
(7) 併用貸与不採用の場合、第二種奨学金のみ希望します。	**第 1 希望：第一種と第二種（併用）** **第 2 希望：第二種** 第一種奨学金と第二種奨学金を両方同時に貸与が受けられなければ、第二種奨学金を希望する（第一種奨学金のみの貸与は希望しない）。
(8) 第二種奨学金の貸与を受けていますが、第一種奨学金への変更を希望します。	貸与中の第二種奨学金から、第一種奨学金への変更を希望する。 ※第二種の奨学生番号の入力が必須。
(9) 第一種奨学金の貸与を受けていますが、第二種奨学金への変更を希望します。	貸与中の第一種奨学金から、第二種奨学金への変更を希望する。 ※第一種の奨学生番号の入力が必須。
(10) 第一種奨学金の貸与を受けていますが、併用貸与への変更を希望します。	貸与中の第一種奨学金に加えて、第二種奨学金の貸与を希望する。 ※第一種の奨学生番号を入力。
(11) 第二種奨学金の貸与を受けていますが、併用貸与への変更を希望します。	貸与中の第二種奨学金に加えて、第一種奨学金の貸与を希望する。 ※第二種の奨学生番号を入力。

出所）日本学生支援機構資料より

は第二種奨学金のみを希望する」という意味です。これを選べば、自動的に第一種奨学金に申請したことになります。無利子の第一種奨学金は希望者が多いので採用は厳しいですが、第一種奨学金が不採用でも第二種奨学金の採用が期待できます。

　ただし、第一種奨学金は学力基準、家計基準ともに厳しいので、その基準を満たせない方は自動的に第二種奨学金を希望することになります。（7）の選択は利用金額の問題で生じます。第一種奨学金は第二種奨学金に比較して利用金額が少ないので、第一種奨学金だけでは不足する場合はこちらを選びます。

　（6）を希望する人は、併用貸与が不採用になった場合を想定して第二種奨学金の月額も考慮する必要があります。第一種奨学金で利用金額3万円、第二種奨学金で利用金額6万円の合計9万円の奨学金を申請した場合、もし第一種奨学金が不採用になりますと利用できる金額は6万円のみになってしまいます。そこで、それだけでは不足するという場合には、第二種奨学金の利用金額を最初から10万円にしておくという手もあります。そうしておけば、もし第一種奨学金が不採用の場合でも、第二種奨学金で10万円が確保できます。併用が認められて10万円が多すぎるということになれば、あとから減額申請もできます。

　予約採用で採用された方も、この機会に利用条件の変更ができます。おすすめは、予約採用で第一種奨学金を利用できなかった方が、「（8）**第二種奨学金の貸与を受けていますが、第一種奨学金への変更を希望します**」にチャレンジすることです。万が一利用できなくても、「不採用となった場合でも、それにより貸与中の奨学金が打ち切られることはありません」と明記されていますから、心配ありません。

　在学採用の流れは**図表3-3**を参照してください。

第 1 部　奨学金を有意義に活用するために

図表 3-3　〈在学採用〉　奨学金申込から採用決定、振込まで

機構から学校へ奨学生推薦依頼

募集

学校の奨学金申込時説明会に出席する

「奨学金案内」「確認書兼個人信用情報の取扱いに関する同意書」
「スカラネット入力下書き用紙」の配布を受ける。
奨学金制度の概要、申込みに必要な書類の説明を受ける。

書類提出

確認書・必要書類を学校へ提出する

「確認書兼個人信用情報の取扱いに関する同意書」
「家計支持者の収入に関する証明書類」
「その他学校が指定する書類」を学校が指示する期限までに提出する。

JSAS識別番号の交付を受ける

JSAS識別番号とは、スカラネット入力に必要なユーザーID・パスワードのこと。

申込み

スカラネットによる奨学金申込み

事前に「スカラネット入力下書き用紙」を記入し、学校が指示する
期限までに入力する。※

〈この間にしておくこと〉
- 奨学金振込口座の用意
- 本人住民票の用意
- 奨学金貸与・返還シミュレーションを機構ウェブサイトで行う。
- 保証制度の選択
- 人的保証制度を選択したら、連帯保証人・保証人から承諾を得る。返還誓約書提出時に印鑑登録証明書と収入に関する証明書類が必要と伝えておく。

※申込内容に誤りがあった場合や、申込後に変更が生じた場合は、学校へ申し出ること。

学内選考

学校による推薦者の選考

〈推薦者に決定〉　　〈推薦外〉

家計や学力基準を満たさなかった場合、基準を満たすようになれば次の募集時に再申込み可能。

機構選考

機構による選考・採用決定

機構から学校へ採用者の通知

採用決定

学校の奨学金採用時説明会に出席する

「奨学生証」「奨学生のしおり」「返還誓約書」の交付を受ける。
「返還誓約書」の添付書類、提出期限の説明を受ける。

返還誓約書提出

返還誓約書を学校へ提出する

機関保証の場合「保証依頼書」も提出する。
学校が指示する期限までに提出する。

振込

奨学金の振込

原則、毎月11日に振込を確認する。

〈その他に〉
- スカラネット・パーソナルに登録
- メールマガジンに登録

出所）日本学生支援機構ウェブサイトより

第3章　日本学生支援機構の奨学金を申し込む

Ⅲ　予定外のことが起きたら

❶ 支給が停止される場合

　毎年12月から2月頃に、学校を通じて「貸与額通知書」が交付されます。内容をよく確認したうえ、「奨学金継続願」をスカラネットで提出します。期限内に提出しないと辞退と見なされて支給が停止されます。

　もう1つのハードルが「適格認定」です。奨学金を受け取るにふさわしい学生かどうか、大学がチェックして日本学生支援機構に報告します。チェック項目は、「人物、健康、学業、経済状況」があります。

　人物については「生活全般を通じて態度・行動が奨学生にふさわしく、奨学金の貸与には返還義務が伴うことを自覚し、かつ、将来良識ある社会人として活躍できる見込があること」とされています。

　学業については「修業年限で確実に卒業又は修了できる見込があること」が問題になります。生活が苦しいからとアルバイトに精を出すあまり学業がおろそかになってしまうと、この基準にひっかかってしまうことがありますので要注意です。

　適格認定が「継続」であれば引き続き支給が受けられます。しかし、問題がある場合は「廃止」「停止」「警告」という3段階の処置を受けます。

　最も重い「廃止」処分になると奨学生の資格を失います。この場合は在学中であっても返済義務が生じてしまいますので、すぐに猶予願いを提出しましょう。

　「停止」の場合は1年以内で学校長が定める期間、奨学金の交付が止まりますが、学業成績が回復するなど問題が解決すれば再開されます。

　「警告」は学業成績の不振に対する注意喚起で、支給は継続されます。

63

第1部　奨学金を有意義に活用するために

ただし、そのまま学業成績が回復しない場合は、「停止」や「廃止」に移行する場合がありますので注意が必要です。

　日本学生支援機構は「適格基準の細目」を定めて、各大学に通知しています。大学はこの基準に沿って裁定し、日本学生支援機構に通知しています。「廃止」の基準は、概ね①「奨学金継続願」未提出者、②4年間での卒業不可が確定し、かつ前年度の修得単位数が10単位未満の者、です。「停止」は、「奨学金継続願」を提出していても前年度の修得単位数が10単位未満であった者が対象となります。つまり、4年間で卒業の見通しがつかないような単位修得状況だと、奨学金の支給は廃止されたり、停止されたりします。

　また「奨学金継続願」では、直近1年間の収入と支出の状況を届け出る必要があります。収支差が大きいと「指導」の対象となり、貸与月額が適正であるか、また、貸与月額の減額が可能かなどについて面接が行われます。

　2014年10月時点で、奨学金の支給を受けている大学生（短大を含む）は、第一種奨学金、第二種奨学金合わせて約84万人いますが、そのうち「廃止」処分を受けたのは1万2137人、「停止」8537人、「警告」1万3321人、「激励」（2016年度より廃止）3万8103人となっています。「学業成績不振」「学校処分等」で「廃止」および「停止」になった学生は1万6536人に達します。

　アルバイトを優先した結果、成績不振で奨学金が停止されてしまえば、ますます生活が苦しくなります。学業を最優先し、必ず4年間で卒業しましょう。

第3章　日本学生支援機構の奨学金を申し込む

図表3-4　採用決定から貸与終了までの流れ

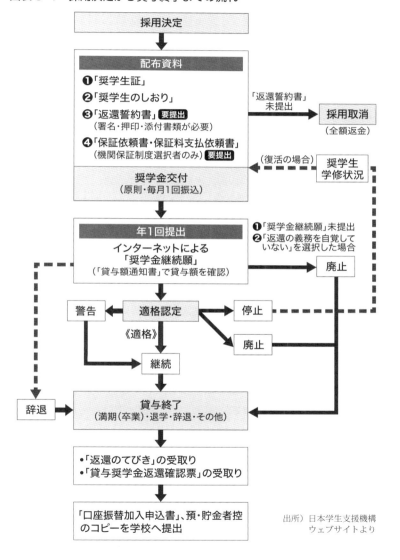

出所）日本学生支援機構ウェブサイトより

第1部　奨学金を有意義に活用するために

❷ 契約内容の変更

　奨学金の契約内容は途中で変更することができます。ただし、注意点があります。

①増額と減額

　奨学金の金額は増額や減額が可能です。人的保証の場合には、増額や減額をする際には連帯保証人と保証人の両方からの承諾が必要です。変更届に両名の署名・捺印をもらって提出しなければいけません。

②機関保証への切り替え

　人的保証から機関保証に変更ができます。その場合、それまで人的保証であった期間分の機関保証料を一括で支払う必要があります。例えば、12万円の第二種奨学金を人的保証で利用し、3年目から機関保証に切り替えた場合、それまでの2年間分の保証料約13万円を一括で払わないといけません。大きな費用負担が生じますので注意してください。

　その逆に、機関保証から人的保証への切り替えはできません。

Ⅳ　予約採用と在学採用はどちらが有利か

　日本学生支援機構の奨学金を借りると決めた場合、高校3年次に行う予約採用と大学に進学してから行う在学採用とではどちらが有利なのでしょうか。

　借金は金利が安い方が得です。そこで、誰しも無利子の第一種奨学金を希望します。さらに第一種奨学金は、年収の9％の支払金額となる新所得連動返還型が利用できます。第二種奨学金ではこうした制度は利用できませんから、金融商品として見た場合は第一種奨学金が圧倒的に有利です。

66

第 3 章　日本学生支援機構の奨学金を申し込む

　ただし、利用金額の問題があります。第一種奨学金の利用金額は最大でも 6 万4000円（私立・自宅外通学の場合）です。第二種奨学金であれば12万円まで利用できます。

　2015年度の第一種奨学金の新規採用数は11万5773人で、そのうち予約採用者は 6 万6034人です。割合にすると約57％になります。つまり、在学採用より予約採用のほうが多いのです。第二種奨学金の場合、新規採用数は19万8743人で、予約採用者は13万7329人と、約69％にものぼります。第二種奨学金では予約採用の方が圧倒的に多いのです。ただし、第一種奨学金も第二種奨学金も申込み人数は公表されていませんから倍率は不明です。予約採用の方が多いからといっても、申込み者の割合はそれ以上に多いかもしれませんので、これだけで必ずしも予約採用の方が有利とはいえません。

　それでも、やはりまずは予約採用での申込みをおすすめします。それには 2 つ理由があります。一番の理由は、予約採用がダメでも、進学した大学で再度、在学採用が申し込めるからです。単純にチャンスが 2 回あることになります。申込み手続きは二度手間になりますが、ほぼ同じ手続きですので、予約採用で慣れてしまえばそれほどの負担ではないでしょう。

　もう 1 つの理由は、予約採用の準備をとおして進学費用の問題を真剣に考えることにつながるからです。大学の学費と生活費を計算し、将来の返済について計画することは、大学に進学する目的と動機を再確認する機会になります。それだけのリスクを背負っても進学する価値があると考える理由を、ぜひ家族で話し合ってみてください。

67

第 1 部　奨学金を有意義に活用するために

第 3 章　まとめ

- ●日本学生支援機構の貸与型奨学金は、第一種奨学金、第二種奨学金、入学時特別増額貸与奨学金の 3 種類が利用できます。金利は安いですが、利用金額も大きいので、返済のことも考えて利用金額を決めましょう。

- ●日本学生支援機構に提出する書類は早めに準備しましょう。特に収入を証明する書類は取得に時間がかかりますので時間に余裕を持ってください。

- ●大学入学後、予約採用の方は大学で手続きが必要です。在学採用希望者は大学からの募集のお知らせや掲示に注意してください。

- ●在学採用にも家計基準と学力基準があります。予約採用の方は、入学後に条件変更ができます。その際、予約採用で不採用だった第一種奨学金も再度申し込めます。

- ●成績が不振だと、奨学金の支給停止もあります。また、毎年の更新手続きを忘れると奨学金が打ち切られます。

- ●予約採用の方が必ずしも有利とはいえませんが、申し込むことをおすすめします。

コラム

高校の先生方へ

●万が一のときに保証人を巻きこまないために

　奨学金の問題について高校の先生方に講演をさせていただく機会がたびたびあります。講演の中ではいろいろなお話をしますが、最も強調するのは、「保証を選ぶ際は人的保証ではなく機関保証の選択をすすめてください」という点です。理由は、詳しくは第5章・第6章で述べていますが、一言で言えば、「人的保証を選ぶと、万が一返済できなくなったときに本人のみで完結しないから」です。

　人的保証を選択する場合、連帯保証人として父（または母）、保証人としておじ（またはおば）が保証しているケースが多いです。もし本人が大学卒業後、返済できずにいた場合、連帯保証人である父に督促がいきますし、父も返済できない場合、保証人であるおじに督促がいきます。また、本人が自己破産をする場合も同様に、連帯保証人や保証人に督促がいきますので、連帯保証人である父、保証人であるおじもその奨学金を返済できないのであれば、自己破産を選択するケースも出てきます。自己破産するには、原則として自分の財産の処分が必要ですから、父は持ち家を売って破産、おじも持ち家を売って破産というケースもありうるのです。

　他方、機関保証を選択した場合は、本人が返済できなくなると、保証機関（公益財団法人日本国際教育支援協会）が本人に代わって日本学生支援機構に返済してくれます。その後、保証機関は、代わりに支払った奨学金全額を本人に対して請求してくるのですが、もし本当に支払うことが不可能であれば、自己破産手続をとれば債務整理が完了し、家族が請求を受けることはありません。本人のみの破産で終了するので、父やおじに迷惑をかけることなく債務整理が完結するのです。

　埼玉奨学金問題ネットワークに相談に来られる方の中には、「もう返済が無理なので破産をしたい」という方もいます。しかし、その方が人的保証を選択していた場合、連帯保証人や保証人に請求がいくというお話をす

69

ると、「いつも会っている父はまだしも、10年以上会っていないおじに迷惑をかけるわけにはいかない」というような話をされる方が少なくありません。こうなると、本人が破産手続をとることを躊躇してしまい、弁護士としても何も打つ手がなくなってしまいます。

●保証料は将来のリスク回避のための必要経費

　もっとも、機関保証にもデメリットがあります。それは、毎月給付される奨学金の中から保証料が天引きされるということです。例えば、第二種の月10万円を選んだ場合、機関保証にすると、毎月約6000円が天引きされた金額が本人の口座に振り込まれることになります（保証料は借りた奨学金の金額が高くなるほど高額になります）。この保証料は決して小さな金額ではありません。おそらく、本人の保護者や高校の先生方は、機関保証の場合はこの保証料がかかることから、保証人が立てられるのであれば人的保証を選ぶという考えの方が多いように感じます。実際、私が講演をした後に、ある高校の先生が私のところにやってきて、「これまで保証人が付けられるなら人的保証にした方がいいよ、というアドバイスを生徒にしてきました」と言っていました。

　しかし、現実に、大学卒業後、奨学金を返済できない方は全国に10万人以上いるわけです。奨学金を借りている段階では本人は学生ですので、本人の将来の資力は未知数です。さらに、多少厳しい言い方になるかもしれませんが、奨学金は保護者が一定の資力以下の場合に借りられるお金ですので、奨学金を借りている時点で、その保護者の資力は十分とは言いがたいのです。こういったことを考えますと、「保証料は将来のリスク回避のために必要な費用」と考えて、機関保証を選択すべきというのが私たちの考えです。

　本書を読んでくださった高校の先生には、ぜひこのことをほかの先生方にも広めていただけたらと思います。　　　　　　　　　　　　　（鴨田　譲）

第2部

もしも返せなくなってしまったら

第2部は、奨学金を利用し終わってから直面する
各種トラブルの対処法です。
もし奨学金を返せなくなってしまったら、
少しでも早めに対応することが必要です。
お金がない、払えないから仕方がない、と放置しておくと
取り返しがつかなくなることもあります。
あとから後悔しないために、
奨学金の返済が滞るとどうなるかについて
知っておきましょう。

奨学金返すときチャート

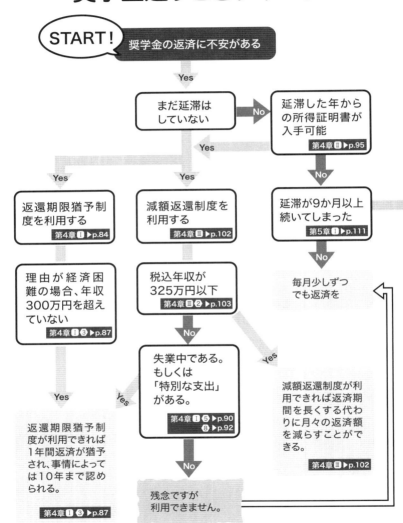

この図は主なトラブルを簡略化したものです。
猶予制度や法的手続きには細かい規定や条件があります。
詳しくは本書をお読みください。

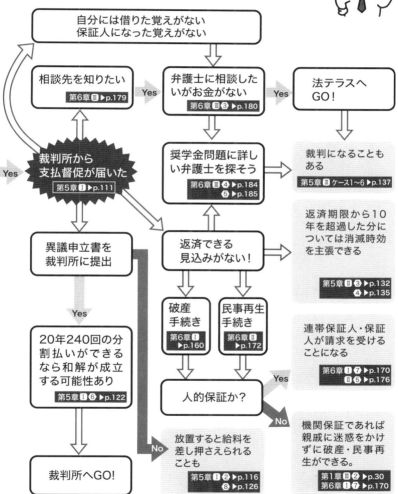

コラム

9か月延滞してしまった
ノゾムさんの場合

> だれしも、慣れないことは気が重いし、めんどくさいものです。明日やればいいや、と思いがちですが、ついうっかりと決められた日時をオーバーしてしまい、かえって面倒なことになったりしますよね。
> 日本学生支援機構の奨学金の返済は、放置しておくと本当に大変なことになりますから、困ったら早めに対応することが大切です。
> ここでは、奨学金の返済を放置してしまったノゾムさんのケースを紹介します。
> ノゾムさんのモデルは特定の人ではありません。私たちに寄せられる相談でよくある内容をもとにした創作です。

●手取りは予想より少なく、借金は予想より重い

　ノゾムさんは第二種奨学金を利用して四年制大学を卒業し、2016年4月に中堅商社に就職しました。

　初任給21万円と説明されていましたから、何とか生活できると思っていたのですが、4月25日にもらった給与明細を見てビックリです。たしかに基本給は21万円となっていますが、健康保険・厚生年金などが引かれたあと、差引支給金額として銀行に振り込まれたのは約18万円です。これでは深夜バイトで頑張っていた学生時代とあまり変わりません。

　それに社会人となると、スーツや革靴を揃えなければなりませんし、お付き合いの飲み会も多くなります。ビジネス街ではランチ代も高くつくので、お給料はたちまちなくなりました。困ったなと思いながらも、翌月も翌々月も同じように過ぎていってしまいました。

　入社から半年経つころには、少しずつ仕事にも慣れ、新しい生活も軌道に乗ってきました。ただ、ノゾムさんには1つ心配なことがありました。来月からは奨学金の返済が始まる予定なのですが、とくに贅沢をしているわけではないのに、まったくお金が残らないのです。どこかで節約をしなければいけないのですが、日々の生活はお金がなければ送れません。

　そして、第1回目の奨学金返還の振替日がやってきました。卒業して7か月目からは毎月27日に口座から引き落とされるという契約なのです。

　ノゾムさんは地方から東京の大学に入学し、4年間、毎月8万円の第二種奨学金を利用していました。貸与総額は384万円、利子を含めた返済総額は390万4917円で、毎月の返済額は1万6270円です。

　毎月このくらいのお金ならばそれほど負担にはならないはず、というのが当初の計画でした。ところが、飲み会や買い物で使ったクレジット

カードの支払いが 10 月 25 日に引き落とされていたため、ノゾムさんの銀行口座には 1 万 5000 円しか残っていませんでした。たとえ 1 円でも足りないと引き落としはできません。その結果、初回から延滞ということになってしまったのですが、ノゾムさんはあまり深刻に考えませんでした。翌月に 2 か月分まとめて引き落としができれば問題ないはずだからです。

　翌月の 11 月 7 日、日本学生支援機構から電話がかかってきたようで、スマホの留守録に「口座振替ができませんでした」というメッセージが入っていました。

　11 月 10 日には「奨学金返還の振替不能通知」という郵便物が届きました。続いて 1 週間後には「個人信用情報機関への登録について（通知）」という文書が郵送されてきました。文書の内容は、延滞が 3 か月続くと個人信用情報機関に通知するという警告でした。ただし、ノゾムさんのような新規返済者の場合は 6 か月までは待ってくれるそうです。ちょっと心配になりましたが、まだ大丈夫と思い、そのままにしておきました。

●延滞するたびに返還金は 2 倍 3 倍に増えていく

　ところが、そうこうするうちに二度目の返済日である 11 月 27 日が来てしまいました。このころ、ノゾムさんには念願だった彼女ができ、予想外の出費が増えていました。今回払うはずだった 2 か月分の返還金、3 万 2540 円というお金がとても大金に思えます。そんなに引き落とされてしまったら、あと 1 か月どうやっても生活していけません。都会の生活にはお金がかかります。お金がなかったら、彼女にも嫌われてしまうでしょう。そこでノゾムさんは残高のほぼ全額を給料日当日に引き出してしまいました。

　当然のことですが、12 月 10 日には「今月も振替不能でした」という電話がきました。「奨学金返還の振替不能通知」という郵便物も再送

されてきました。今回の請求金額には延滞金も加算されています。延滞金は年利5％だそうで、2か月分の延滞金は267円です。でもノゾムさんは正直、「なんだ、たいしたことないんだな」と思いました。

　心配したお母さんからも電話がありました。ノゾムさんは人的保証を選んだので、お父さんに連帯保証人になってもらっています。どうやら2回延滞すると、連帯保証人にも連絡がいくようです。お母さんはとても心配して、「なんなら立て替えておこうか？」と言ってくれましたが、離れて暮らす両親に心配をかけたくなかったので、「うっかりしただけだよ。今度ボーナスで払うから大丈夫」と笑いとばしておきました。

　ボーナスで払おうと思っていたのは本当です。ところが、12月上旬に支払われたボーナスはたった5万円でした。テレビのニュースでよく報道されている「基本給の数か月分のボーナス」がもらえるのは実績のある社員だけで、新入社員はこのくらいが普通なのだということをノゾムさんは知りませんでした。このときになってようやく、ノゾムさんは不安を感じ始めました。次回の引き落とし日は12月27日です。10月分と11月分も含めて3回分、4万8810円に加えて延滞金を支払わなければいけません。ボーナスをそっくり使えば払える金額ですが、12月には彼女と過ごす約束をしたクリスマスがあります。年末年始には両親の待つ家にも帰らなければいけません。

お金が足りません。奨学金の返還さえなければなんとか、いや、それがなくても生活するのがやっとなのです。ぼんやりとテレビを眺めていると、華やかな生活への憧れをかきたてるような消費者金融の CM が流れています。別のチャンネルでは、過払い金請求を代行する弁護士事務所の CM が繰り返し流れています。それを見たノゾムさんは大きな勘違いをしてしまいます。「借金をしている人はこんなにたくさんいるじゃないか。そうだ、生活が苦しければ借金が返せないのは仕方がないことだ」、そんなふうに考えて自分を正当化してしまったのです。

　もちろん、ノゾムさんには借りた奨学金を返さないつもりなどありません。給料が増えて、生活に余裕ができたら必ず払おうと決めていました。

●職場にまで督促の電話がかかってくる

　こうして延滞期間が 3 か月を超えました。会社の先輩も、やはり数か月延滞してブラックリストに登録されてしまったという話をしてくれました。その先輩は、スマホの機種変更をしようとしたところ、ローン返済を断られたそうです。ローンの審査に通らなかったのですが、理由はわからないと言われ、ローン会社に直接問い合わせても、個別の理由は教えてくれないそうなのです。

　じつは日本学生支援機構は全国銀行個人信用情報センターに加入していて、延滞している人の個人情報を登録します。延滞情報が記録されてしまうと、他のクレジット会社などが照合したときにそれがわかってしまい、クレジットカードを作ることやローンを組むことができなくなる場合があります。異動情報、事故情報などと呼ばれるようですが、わかりやすくいえばブラックリストです。ノゾムさん宛に届いた「個人信用情報機関への登録について（通知）」はこのことを警告していたのです。

　そんな深刻なことになるとは思っていなかったノゾムさんは急に心配になってきましたが、どうすればいいのかわかりません。

78

そんなある日、とつぜん職場に日本学生支援機構から電話がかかってきました。それまでもスマホには何度も電話がかかってきていましたが、催促の電話であることはわかっていたので、ずっと留守電にしていたのです。相手もやむなく職場にかけてきたのでしょうが、周りには上司や同僚もいるので、お金が返せないことを謝るのはとても恥ずかしく、気まずい思いをしました。

　それ以降、職場で仕事をしていても、みんな陰で笑っているんじゃないか、噂になっているんじゃないかと気になって仕方がありません。夜もなかなか眠れなくなってしまい、もともとはあまり好きではなかったお酒を寝る前に飲む習慣ができてしまいました。飲み過ぎてしまうと翌朝もなかなか起きられず、会社も休みがちになりました。心配した上司が「悩みがあるなら相談にのるから」と声をかけてくれましたが、打ち明けることはできません。結局、職場にいるのが気まずくなり、退職を願い出ました。

　入社して1年未満ですから、退職金も失業手当もありません。ノゾムさんは生活費を稼ぐために深夜アルバイトを始めました。もちろん、奨学金を返せるあてはありません。

　自宅には日本学生支援機構からの支払督促の書類が何通も届きます。このころには開封することもなく放置するようになりました。

● **裁判所に訴えられ、財産差押えの危機に**

　こうして一度も返済できないまま、翌年の夏を迎えました。延滞してから9か月が経った頃、これまでとは様子の違う封書が届きました。恐る恐る中身を確認すると「支払督促の予告書」が入っていて、「返済していない金額＋利息＋延滞金」を一括で返済するようにと書かれています。「無視したら裁判所に申し立てる」とあります。「全額返済が困難な場合は期日までに連絡してください」とも書かれていましたが、約15万円もの大金がいっぺんに返せるはずはありません。

　しかし、ノゾムさんはここでもまだお気楽に考えてしまいます。日本学生支援機構は困っている学生にお金を貸してくれる機関です。いくらなんでも、生活費に困っている若者にまで返済を強要するはずがない、裁判所に訴えるなんて大げさな脅しに違いない、とノゾムさんは考えました。

　しかし、それは間違いでした。次に届いた書類はこれまでのものとは違い、簡易裁判所から送られてきた「支払督促」だったのです。「裁判所」という文字を見ただけでノゾムさんは目の前が真っ暗になりました。借金を返すのが遅れただけなのに、自分は訴えられてしまった、これでは

今後の再就職にも、結婚にも、悪い影響があるのではないかと思うと心臓がバクバク脈打ち、開封する手が震えます。

　なんとか気持ちを落ち着けて書類をよく読んでみると、「異議がある場合は督促異議申立書を提出してください」と書かれています。一括返済ができない場合は、「督促異議申立書」というものを出しておかないと、このまま日本学生支援機構の申立てが認められてノゾムさんの財産が差押えられてしまうそうです。

　ノゾムさんはここで初めて事態の深刻さに気づきました。あわてて日本学生支援機構に電話すると、延滞した事情と、分割で月々に払える金額をたずねられました。ノゾムさんはこれまでの事情を説明し、「今でも生活は厳しいのですが、分割でよいのなら、なんとか頑張って月2万円くらいなら払います」と答えました。

　相手もそれで納得してくれ、今後の手続きを教えてくれました。「では、督促異議申立書を裁判所に送ってください。それを日本学生支援機構が受け取りましたら、また書類をお送りします」とのことでした。「督促異議申立書」は必ず2週間以内に送らないといけないと念を押されたノゾムさんは、今度遅れたらさすがに大変なことになると思い、すぐに書いて返送しました。

　すると、数日後、日本学生支援機構から書類が届きました。電話で説明されたとおり、会社を退職して収入が少ないということなど、事情説明書を書き、退職時の源泉徴収票と確定申告書をコピーして送りました。後日、ノゾムさんは裁判所から指定された日に裁判所に行き、月2万円ずつ分割で払うという内容の和解が成立しました。

　これでなんとか財産の差押えは回避できたのですが、これからどうなるのか、本当に月々2万円が払えるのか、とても心配です。

●奨学金が返せなくなってもセーフティネットがある

　ノゾムさんの話はけっして特殊なケースではありません。3か月以上の延滞者は16万5000人（2015年度末）もいます。そのうち、支払督促申立書の件数は8713件、異議申立は5432件にもなりますが、忘れてならないのはこうした人たちのためのセーフティネットがちゃんと用意されていることです。

　収入が乏しくて奨学金が返済困難な場合、一定の期間、返済を待ってくれる返還期限猶予制度や、全額ではなく半額や3分の1ずつ返済する減額返還制度が用意されています。ただし、半額といっても返済金額が半額になるわけではなく、返済回数を倍にして1回あたりの返済金額を半分にするという方法です。

　返還期限猶予承認件数は29万8639件（2015年度末）ですから、1年間で約30万件もこうしたケースが認められているということになります。また、減額返還制度は1万8464件が認められています。こうした各種の制度が用意されていますので、返済が困難なときには、まず日本学生支援機構に相談することが大切です。

　ノゾムさんのように延滞金がある場合には、これまではセーフティネットが利用できませんでした。しかし、新たに延滞据置猶予制度が創設され、延滞があっても支払いが猶予される場合があります。経済的に困難な方に適用される制度です。

　よくわからないから放置する、というのでは事態は深刻になるばかりで、なんの解決にもなりません。困ったときにはためらわずに相談し、セーフティネットを使いましょう。

●奨学金トラブルを回避し、あるいは乗り越えるために

　第2部で書かれていることはすべて、返済が困難になったときに必要

な知識です。

　第4章から第6章は、日本学生支援機構との裁判の実体験に基づいています。通常の生活を送る中で裁判に巻き込まれることなどめったにありませんが、日本学生支援機構は毎年数千件の法的手続きをとっていますので、奨学金を借りる方にとっては他人事ではありません。

　現在困っている方は、自分に関連したところから読み始めてください。

　まだ返済が始まっていない方も、仮に返済できなくなったとき、法的手続きに訴えられないようにするにはどう対処すればよいのかをぜひ知っておいてください。また、もし裁判になった場合にも、裁判がどのように進行するのかを知っておけば、冷静に対処することができます。

　奨学金問題は広範囲かつ深刻です。日本学生支援機構の奨学金の返済を3か月以上延滞した方の人数は、2009年度末には21万1000人でした。2015年度末にはかなり減少して16万5000人になりましたが、それでも大変な数です。

　新社会人の約半数が奨学金という名の借金を負ってスタートする現実は、社会にとっても不幸なことです。しかし、自分の身に降りかかってきたときには、残念ながら自分自身で対処するしかありません。トラブルにならないためには事前にどう対処すればよいか、そして、もし裁判になったらどうするのか、そうした知識を磨いて問題解決の能力を高めてください。

(鴨田　譲)

事前に知ってトラブルを未然に防ぎましょう。また、トラブルになった後でも自分の状況を把握することで不安を軽減させることができます。

第4章 計画どおりに返済できなくなったとき

日本学生支援機構の奨学金は、大学などを卒業した半年後から返済が始まります。しかし、病気や失業などにより予定どおりに返済できない場合もあるでしょう。
このような場合のために、日本学生支援機構はいくつかの救済制度を用意しています。
本章では、特に利用者が多い「返還期限猶予制度」と
「減額返還制度」について説明します。

I 返還期限猶予制度を利用する

1 猶予の申込み方法

　返還期限猶予制度は、経済困難、失業、傷病などの返済困難な事情が生じた場合に、本来返済すべき奨学金の返済を猶予する日本学生支援機構の救済制度です。
　この制度を利用するためには、日本学生支援機構に所定の書類を提出し、審査により承認される必要があります。猶予が承認されれば、承認された期間中は返済を待ってもらえます。その間の延滞金も発生しません。

第4章　計画どおりに返済できなくなったとき

　この制度は、一定の期間返還を延期する、つまり、先延ばしにする制度ですので、本来返還すべき元金や利息が免除・減額されるわけではありません。一度の申請で猶予されるのは1年間ですが、経済困難が理由であれば最長10年間まで猶予されます。傷病や生活保護利用中などの理由であれば10年という上限はありません。
　猶予終了後は返還が再開され、猶予された期間に応じて返還終了年月が延期されます。ただし、日本学生支援機構から猶予申請が承認されない場合は、それまでのまま返還を継続する必要があります。
　返還期限猶予制度については、日本学生支援機構のウェブサイト上に詳しく記載されています。

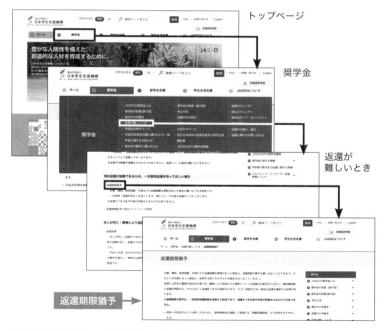

日本学生支援機構ウェブサイトより　　http://www.jasso.go.jp/

第 2 部　もしも返せなくなってしまったら

トップページ → 奨学金 → 返還が難しいとき → 返還期限猶予 と
進むと、返還期限猶予の種類の項目に**一般猶予**と**猶予年限特例又は所得
連動返還型無利子奨学金の返還期限猶予**の 2 つがありますので、**一般
猶予**の方へ進みます。2012年度以降採用者で猶予年限特例又は所得連
動返還型無利子奨学金を借りた方のみ**猶予年限特例又は所得連動返還型
無利子奨学金の返還期限猶予**へ進んでください。

2　猶予が認められる事情

日本学生支援機構ウェブサイトから**一般猶予**のページに進むと、「一
般猶予の申請事由」として、16個の事情が掲載されています。

①傷病

②生活保護受給中

③入学準備中

④失業中

⑤経済困難

⑥特別研究員

⑦新卒等

⑧災害

⑨産前休業・産後休業および育児休業

⑩大学校在学

⑪海外居住

⑫今年海外から帰国

⑬海外派遣

⑭外国で研究中

⑮外国の学校へ留学

⑯数年延滞している場合

以下では、特に利用者が多いと思われる「⑤経済困難」を中心に説明

第4章　計画どおりに返済できなくなったとき

していきます。

❸ 「経済困難」による猶予 —— 年収３００万円以下

ア 猶予の条件 —— 必要な書類

　経済困難を理由とする返還期限猶予は、「無職・未就職・低収入により返還困難な方」を対象としています。具体的には、給与所得者であれば、年間収入金額（税込）が300万円以下、給与所得以外の所得を含む場合（例えば自営業の方など）は、必要経費等控除後の年間所得金額200万円以下が基準となります。

　このいずれかの条件を満たす方は、経済困難を理由として、１年ごとに最大10年まで返還期限猶予を利用することができます。

　上記の年間収入（所得）金額を証明するために、日本学生支援機構に

　①所得証明書

　②市県民税（所得・課税）証明書

　③住民税非課税証明書

の３つのうちいずれかの直近の証明書を提出する必要があります。

イ 昨年度の年収が３００万円を超えている場合

　上記の３つの書類に記載されている収入は昨年度のものです。そのため、これらの記載では年収300万円を超えているものの、その後、休職や減収によって今年の年収は300万円を下回ることが確実という場合があります。この場合、上記書類以外に書類を提出することが必要になります。

　１つの目安として、ボーナスの支給がある方は月収20万円、ボーナスの支給がない方は月収25万円を超えると、年収300万円以上が推定されますので、まずその点をご確認ください。もっとも、これはあくまで目安ですので、この場合であっても猶予を利用できるか否かは日本学生支援機構に問い合わせていただく方が確実です。

87

第2部　もしも返せなくなってしまったら

　休職による減収の場合は、日本学生支援機構のウェブサイト上に、休職期間や休職中の給与などについて記載する「休職証明書」という書式がありますので、これを勤務先に記載してもらい、日本学生支援機構に提出してください。また、減収の場合は、直近3か月分の給与明細書のコピーの提出が必要です。

❹ 「傷病」による猶予 ── 年収200万円以下、10年の上限なし

[ア] 猶予の条件

　休職や減収となった理由が傷病にある方は、「経済困難」ではなく、「傷病」を理由とする返還猶予の利用が考えられます。

　傷病による猶予の場合、経済困難を理由とする猶予と異なり、猶予期間10年の上限がなく、傷病の状態が続く限り、何年でも猶予申請が可能になります。もっとも、傷病による猶予の場合も経済困難と同様、収入（所得）による基準が設けられており、その基準は、給与所得者の場合、年間収入金額（税込）200万円以下、給与所得以外の所得を含む場合、必要経費等控除後の年間所得金額130万円以下となり、経済困難より厳しい基準となります。

[イ] 猶予に必要な書類

　傷病による猶予の場合、猶予申請2か月以内に医師が作成した診断書が必要です。その診断書に、

　① 「就労困難」の記載があること

　② 加療開始時期または発症時期と「現在も就労困難」という記載があること

が必要になります。

　猶予申請を予定している期間中に無職（収入がないだけでなく、会社に在籍もしていない）であれば、日本学生支援機構に提出する証明書類はこの診断書のみですが、以下の場合は別の書類が必要になります。

第4章　計画どおりに返済できなくなったとき

（a）傷病であるものの、猶予申請を予定している期間中に就労している場合

　　診断書に加え、「経済困難」による猶予申請に必要な書類（①所得証明書、②市県民税（所得・課税）証明書、③住民税非課税証明書のいずれか1つ）が必要です。

（b）猶予申請を予定している期間中に会社等に在籍して、かつ、休職中の場合

　　勤務先が作成した「休職証明書」が必要になります。

ウ 「経済困難」による猶予と「傷病」による猶予の違い

　ここで注意したいのは、傷病による猶予の場合も収入（所得）による基準があり、その基準となる金額が経済困難による猶予の場合と異なることです。傷病によって減収・休職となった方であっても、年収200万円を超えていれば傷病による猶予は受けられないのです。もちろんこの場合も、経済困難を理由とした猶予は受けられます。

　この2種類の猶予を収入（所得）で分けると以下のようになります。

給与所得者の場合

年収
0円〜200万円以下の場合　　→　傷病による猶予

年収
200万1円〜300万円以下の場合　→　経済困難による猶予

給与所得以外の所得を含む場合（自営業者など）

年間所得
0円〜130万円以下の場合　　→　傷病による猶予

年間所得
130万1円〜200万円以下の場合　→　経済困難による猶予

89

第 2 部　もしも返せなくなってしまったら

　1 年ごとに申請が必要なのは経済困難の場合と同様です。ただし、経済困難による猶予では利用期間が上限10年という制限がありますが、傷病による猶予の場合はそのような期間制限がありませんので、傷病による猶予の条件を満たす方はこちらで申請した方が、猶予を利用できる期間が長くなります。

⑤ 「失業中」による猶予 ——年収300万円を超えても大丈夫

　返還期限猶予の事情の 1 つに「失業中」という事情がありますが、これは失業後 6 か月以内で、再就職できていない場合が対象になっています。すでに再就職している場合や、失業前から奨学金の返済を延滞している場合は対象になりません。

　返還猶予には、上限10年の制限がある事情と上限がない事情とがありますが、失業中を理由とする猶予の場合は、上限10年の制限がある事情（例えば経済困難）と合算した場合も10年が限度です。

　失業中を理由とする猶予の場合、経済困難や傷病による猶予と異なり、年収（所得）による基準がありません。例えば、雇用保険によって、年間300万円以上の収入がある方であっても利用が可能です。

　失業中による猶予を申請する場合は、

①雇用保険受給資格者証
②雇用保険被保険者離職票
③失業者退職手当受給資格証
④雇用保険被保険者資格喪失確認通知書

のうち、いずれか 1 つのコピーを日本学生支援機構に提出することが必要です。これらの書類は、職業安定所（ハローワーク）が発行しています。

　ただし、この失業中による猶予は、失業後 6 か月以内に猶予を申請する必要があり、失業後 6 か月を超えてしまうと利用できなくなります。

　もっとも、6 か月を超えてしまった場合であっても、年収300万円

90

第4章　計画どおりに返済できなくなったとき

以下であれば経済困難による猶予申請は可能です。

❻ 「新卒等」による猶予 ──卒業後1年以内

ア 猶予の条件

在学期間終了後1年以内で、無職・未就職、低収入により返還困難な方は「新卒等」を理由とする猶予の対象になります。「新卒等」とは、「新卒（退学）及び在学猶予切れ等の場合の無職・未就職、低収入」のことです。新卒等を理由とする猶予の場合も、上限10年の制限がある他の事情と合算して10年が限度となっています。

経済困難を理由とする猶予と同様、給与所得者の場合年収300万円以下、給与所得以外の所得がある場合は年間所得200万円以下の場合に利用できます。

収入基準が経済困難による猶予と同じなのに、なぜわざわざ新卒等による猶予が設けられているかというと、大学などを卒業または中途退学後1年以内の場合、取得できる公的証明書は前年度のものになり、在学中の収入しか証明できないので、現在の収入状況の証明にならないからです。

イ 猶予に必要な書類

新卒等による猶予の場合は、次の①〜④のいずれか1点の書類を日本学生支援機構に提出する必要があります。

①健康保険証（国民健康保険は不可）の被扶養者欄のコピー（健康保険の被扶養者であれば年収130万円未満であることがわかるため。なお、国民健康保険には被扶養者というものが存在しない）。

②直近連続3か月分の給与明細のコピー

③自営業の場合は奨学生本人の収入がわかる帳簿、直近連続3か月分のコピー

④出身学校の教諭・教授による、求職活動中または無職であること

91

第2部　もしも返せなくなってしまったら

の証明書（日本学生支援機構で決まった書式はありませんが、猶予申請から3か月以内に発行されたもので、発行日・職名・署名・押印が必要）。

つまり、大学などを卒業・退学した後、年収300万円以下の方は、最初の猶予は、この新卒等による猶予の申請を行い、それ以降も年収300万円以下の状態が続けば、経済困難による猶予の申請を行うことになります。

❼「産休・育休」による猶予 ——上限10年の制限なし

産休・育休を理由とする猶予は、産前休業・産後休業および育児休業による無収入・低収入のため返済困難な方を対象とする猶予制度です。

この猶予も経済困難を理由とする猶予と同様、給与所得者の場合年収300万円以下、給与所得以外の所得がある場合年間所得200万円以下の場合に利用できます。ただし、この猶予には上限10年という制限がありません。

日本学生支援機構に提出する書類は、経済困難による猶予または新卒等による猶予と同じ書類に加え、**休業証明書**（日本学生支援機構のウェブサイト上に書式あり）が必要になります。

さきほど、「休職」や「減収」を理由とする猶予について説明しましたが、これらは、経済困難を理由とする猶予の一種という位置付けですので、上限10年の制限がありますが、産休・育休を理由とする猶予の場合は、その制限がありません。ですので、産前休業・産後休業および育児休業によって休職または減収となった場合、「休職」や「減収」を理由とする猶予ではなく、産休・育休を理由とする猶予を利用することをおすすめします。

❽「特別な支出」による控除 ——年収300万円を超えても大丈夫

経済困難を理由とする猶予では、給与所得者の場合は年収300万円以

下、給与所得以外の所得がある場合は年間所得200万円以下の場合に利用できると説明しました。ではこれらの収入（所得）を超えてしまうと一切猶予が利用できないのでしょうか。

　埼玉奨学金問題ネットワークに寄せられる相談の中には、奨学金の返済が困難であるものの、年収300万円をわずかに超えているために猶予制度が利用できずに困っているという相談もあります。このようなときに活用を考えていただきたいのが「『特別な支出』による控除」の制度です。

　この制度は、年収300万円、年間所得200万円という収入基準を超える収入（所得）がある場合でも、日本学生支援機構が定めた「特別な支出」があれば、収入（所得）からその金額を控除し、収入基準を満たす場合は猶予審査が可能という制度です。日本学生支援機構ウェブサイトの「収入基準を超える場合に認められる控除」という項目でその説明がなされています。

　この制度は、主として「経済困難」を理由とする猶予を対象とした制度です。「傷病」、「産前休業・産後休業および育児休業」などを理由として猶予申請する場合や「猶予年限特例又は所得連動返還型無利子奨学金の返還期限猶予」の場合は、この控除の対象とならないので注意が必要です。

ア 「特別な支出」一覧

　日本学生支援機構が「特別な支出」として年収からの控除を認めているのは次の6つです。

①被扶養者控除

　奨学生本人に被扶養者がいる場合：被扶養者1人あたり38万円控除

②親への生活費援助

　奨学生本人の被扶養者でない親へ生活費を援助している場合：

　1世帯につき年間38万円を上限として実費を控除

第2部　もしも返せなくなってしまったら

③親族への生活費援助

　奨学生本人の被扶養者でない親族（2親等以内で配偶者・子を除く）へ生活費を援助している場合：1世帯につき年間38万円を上限として実費を控除

④医療費控除

　奨学生本人にかかる医療費は、年間96万円（1か月8万円）を上限として、領収書等により証明される金額を控除（加療期間6か月以上の傷病に限る）

⑤被扶養者への医療費補助

　奨学生本人の被扶養者にかかる医療費は、年間96万円（1か月8万円）を上限として、領収書等により証明される金額を控除（加療期間2週間以上の傷病に限る）

⑥「災害」事由で願い出る場合の控除経費

　奨学生本人が罹災し、住宅取得費・自宅修理費・車購入経費等、災害に係る経費がある場合に、奨学生本人が支払った経費について、ローン明細書や領収書等で証明される額を控除（「災害」事由以外の申請では認められない）。

イ 「特別な支出」による控除の具体例

　例えば、年収330万円の方が子ども1人を扶養している場合であれば、被扶養者1人あたり38万円が控除されますので（上記①のケース）、

　　330万円－38万円＝年収292万円

となり、経済困難を理由とする猶予申請が可能になります。

　あるいは、年収390万円の方であっても、自分または扶養している親に医療費が毎月8万円必要という場合は、最高で年間96万円（1か月8万円）が控除されますので（上記④⑤のケース）、

　　390万円－96万円（月8万円×12か月）＝年収294万円

となり、経済困難による猶予申請が可能になります。

第4章　計画どおりに返済できなくなったとき

　このように、年収300万円、年間所得200万円を超える場合であっても、日本学生支援機構が定める「特別な支出」があれば、その分が収入（所得）から控除され、猶予申請が可能なケースがありますので、自分に当てはまる支出がないかどうかを検討してみる必要があります。

　なお、「特別な支出」による控除も、それを証明する書類を日本学生支援機構に提出する必要があります。提出書類につきましては日本学生支援機構ウェブサイトでご確認ください。

Ⅱ　延滞した場合の猶予申請

① 数年延滞した場合の猶予申請

　これまでの返還期限猶予制度についての説明は、主として、いまは何とか返済できているけれどこれから返済が難しいかもしれない、あるいは、卒業後すぐに返済は難しそうといった、まだ延滞をしていない方を想定してのものでした。しかし、返還期限猶予制度の利用ができなかった方や、何らかの理由により返還期限猶予制度を利用しなかった方で、延滞してしまったまま数年経過した方もいると思います。

　日本学生支援機構ウェブサイトの「数年延滞している場合の猶予申請」というページには、以下の説明がなされています。

①延滞しているため、複数年にわたって猶予を希望される場合は、原則として、延滞が始まった年月から１年ごとに「奨学金返還期限猶予願」と「所得証明書」等事由に合った証明書を添付して願い出ていただくことにより審査します。

②ただし、延滞開始年月からの猶予事由および証明書がないため延滞開始年月からの猶予申請ができない場合は、該当期間をご入金

95

第2部　もしも返せなくなってしまったら

いただくことで猶予申請が可能になります。

③なお該当期間のご入金も困難な場合は延滞を据え置いた返還期限
猶予の願い出になります。

（日本学生支援機構ウェブサイトより。①②③の番号は筆者が付したもの）

ア 所得証明書が取得できる場合

ここでは、直近7年間に収入がなく、奨学金の返還を7年間延滞し
ている方を想定してみます。その場合、7年分の所得証明書が入手で
きれば、7年前にさかのぼって返還期限猶予が利用でき、猶予を7年
分利用したことになりますので、延滞金はなくなります。これが上記①
の状態です。

イ 所得証明書が取得できない場合

次に、所得証明書が過去5年分しか取得できなかった場合です。こ
の場合、5年前から現在までの収入は証明できますが、7年前と6年
前の収入が証明できません。そうすると、上記①からすると返還期限猶
予は利用できなくなるはずなのですが、証明書がない期間についてのみ
延滞金を支払うことで証明書がある期間について返還期限猶予を利用す
ることができます。

つまり、7年前から5年前までに発生した2年分の延滞金を支払う
ことにより、5年前から現在までの返還期限猶予が利用できるという
ことです。これが上記②になります。

そして、その2年分の延滞金を支払うことができない場合が上記③
ということになります。この場合は、すでに発生した延滞金がそのまま
の金額で残り、現在から返還期限猶予を利用する「延滞据置猶予」とい
う制度になります。これについては後ほど説明します。

ウ 所得証明書は何年前のものまで取れるのか

経済困難を理由とする猶予では、収入を証明する書類として、①所得
証明書、②市県民税（所得・課税）証明書、③住民税非課税証明書のい

96

第4章　計画どおりに返済できなくなったとき

ずれか1つを日本学生支援機構に提出することになっており、これらはいずれも市区町村の役所で取得することが可能です。

では、これらの書類は何年前までさかのぼって取得することができるのでしょうか。

実は、これらの書類を何年分取得できるかは、自治体ごとに異なっているようです。住民税の課税（非課税）証明書について言えば、過去5年分しか取得できないとする自治体が多いようですが、過去7年分まで取得できる自治体もあります（例えば東京都港区など）。ですので、自分の所得証明書類が過去何年分取得できるのかは各自治体にお問合せください。

上記の例のように7年間延滞した方の場合、7年分の所得証明書の発行を受けられれば、上記①のケースに該当し、すべての延滞金を支払う必要がなくなりますが、5年分しか発行を受けられないと、上記②のケースとなり、延滞が始まってから最初の2年分の延滞金を支払わなくてはなりません。

エ 個人情報開示を利用して5年を超える猶予が認められたケース

市役所が所得証明書を過去5年分しか発行しなくても、それ以前の期間の猶予が認められたケースもあります。

このケースでは、所得証明書が過去5年分しか発行されなかったのですが、市役所に対して、保有個人情報の内容を「○○氏に関する平成□年度の課税の根拠となるすべての資料」と記載して保有個人情報開示請求を行い、確定申告書の写し、給与支払報告書の写しを取得しました。そして、取得できたそれらの書類と個人情報開示請求の開示決定通知書を添付して猶予申請したところ、猶予が認められたというものです。

役所によってはそのような資料も廃棄している可能性があり、必ずこの方法で猶予が認められるというわけではありませんが、5年以上延滞した場合は延滞金の金額も少なくないでしょうから、この方法を試し

97

第2部　もしも返せなくなってしまったら

てみてもよいと思います。

　なお、別のケースでは、所得証明書が過去5年分しか発行されなかったため、5年以上前については勤務先の源泉徴収票を提出したのですが、それだけでは他の勤務先でも賃金を得ている可能性が否定できないとして猶予は認められませんでした。

②　延滞据置猶予──残りの延滞金を払えない場合

　ここでもう一度整理しておきましょう。7年間延滞して、直近の5年分しか所得証明書を取得できなかった場合、最初の2年分の延滞金を支払わなければ猶予が認められません。これが上記②のケースです。そして、その2年分の延滞金を支払うことができない場合が上記③のケースで、延滞据置猶予という制度が利用できないかを検討することになります。

　例えば、「7年間延滞して延滞金が全部で60万円発生し、直近5年分のみ猶予をすると5年前から7年前の2年分の延滞金が30万円残る」という場合を考えます。この場合、30万円を一括で支払えるのであれば、これを支払い、直近5年分の猶予をすることになります。これが上記②のケースです。他方、30万円が一括で支払えない場合は、これまでに発生した延滞金60万円は全額そのまま残るものとして、今後延滞金も含めて猶予していく場合が上記③のケースで、これが延滞据置猶予と呼ばれる制度です（図表4-1）。

　延滞据置猶予とは、

（a）猶予事由に合った証明書が、延滞開始年月から全期間にわたって提出できる場合（上記①のケース）、

（b）猶予事由に合った証明書が、延滞開始年月からは提出できないが、途中から現在までは提出でき、かつ、残った延滞金を支払える場合（上記②のケース）

98

図表 4-1　延滞据置猶予とは

第2部　もしも返せなくなってしまったら

のどちらにも該当しないが、現在は真に返還困難な場合に利用できる制度です。

　これが認められると、すでに発生した延滞金の金額はそのままですが、現在の支払は猶予され、その間の延滞金が発生しなくなります。延滞据置猶予は1年ごとに申請し、上限10年という制限があります。この猶予が終了すると、すでに発生した延滞金と元金の支払いが再開することになります。

[ア] 延滞据置猶与を利用するには

　延滞据置猶予は、経済困難だけでなく、傷病、生活保護受給中、災害、産前休業・産後休業および育児休業を理由とする場合でも利用可能です。ここでは経済困難による延滞据置猶予について説明します。

　経済困難の場合、通常の猶予では年収300万円以下、年間所得200万円以下が基準となっていました。しかし、延滞据置猶予は、「現在は真に返還困難な場合」に利用できる制度であるため、収入（所得）の基準額が給与所得者の場合年収200万円以下、給与所得以外の所得がある場合は年間所得130万円と条件が厳しくなっています。

　なお、先に説明しました「特別な支出」による控除は延滞据置猶予の場合にも適用されますので、あてはまる支出があればその金額を控除した後に年収200万円以下となれば条件を満たします。

[イ] 延滞据置猶予を利用する場合の注意点

　ここで注意しなければならない点があります。延滞据置猶予の申請をして日本学生支援機構から承認された後は、対象となった延滞期間について、後日になって証明書を取得できたとしても、遡って通常の猶予申請をすることはできなくなるということです（図表4-2）。

　先の例で説明すると、7年延滞して直近5年分しか所得証明書を取得できなかった場合に、延滞据置猶予が認められたあとで、最初の2年分の所得証明書を取得できたとしても、それを提出して7年分全期

第4章 計画どおりに返済できなくなったとき

図表4-2 延滞据置猶予を利用する場合の注意点

延滞据置猶予が認められたあとでは、通常の猶予をさかのぼって申請することはできなくなります。

第 2 部　もしも返せなくなってしまったら

間の猶予を申請して延滞金すべてをなくすということはできないということです。

　ですので、この延滞据置猶予を利用する際は、本当に所得証明書の入手ができないのかどうかをしっかりと確認してから利用することが大切です。

Ⅲ　減額返還制度を利用する

　減額返還制度とは、災害、傷病、その他経済的理由により奨学金の返還が困難な方で、月々の返済金額（日本学生支援機構では「割賦金」と呼んでいます）を 2 分の 1 または 3 分の 1 に減額して返済していく制度です。

　減額返還制度は、2016年度までは 2 分の 1 の減額しかありませんでしたが、返済の負担軽減措置として、2017年度からは、 3 分の 1 に減額する制度が新設されました。この制度の適用期間は 1 年間（12か月）で、減額返還の事情がある限り、最長15年（180か月）まで延長が可能です。申請する際にすでに延滞している方は利用できません。

1　減額返還制度の具体例

　例えば、月 3 万円ずつ返済している方がこの制度を利用した場合、2 分の 1 を選べば、適用期間中は月 1 万5000円の返済となり、 3 分の 1 を選べば、月 1 万円の返済となります。その代わり、 2 分の 1 減額の場合は返済期間が 2 倍に、 3 分の 1 減額の場合は返済期間が 3 倍になります。

　この制度を利用しても返還予定総額は変わりません。また、機関保証を選択している場合、保証期間は延長されますが、保証料の追加徴収はありません。

第4章 計画どおりに返済できなくなったとき

図表 4-3 適用期間中の返還方法

[例] 2分の1での返還方法を選択した場合
- ●当初割賦金額 ： 10,001円
- ●減額返還希望適用期間： 12か月（1年）
- ●20**年10月より減額返還適用開始

当初の返還計画		⟶	減額返還適用後の返還計画	

返還期日	支払割賦金額
20** 9月	10,001円
20** 10月	10,001円
20** 11月	10,001円
20** 12月	10,001円
20** 1月	10,001円
20** 2月	10,001円
20** 3月	10,001円
20** 4月	10,001円

返還期日	支払割賦金額
20** 9月	10,001円
20** 10月	5,001円
20** 11月	5,000円
20** 12月	5,001円
20** 1月	5,000円
20** 2月	5,001円
20** 3月	5,000円
20** 4月	5,001円
20** 5月	5,000円
20** 6月	5,001円
20** 7月	5,000円
20** 8月	5,001円
20** 9月	5,000円
20** 10月	10,001円

減額返還適用期間

出所）日本学生支援機構ウェブサイトより

2 減額返還制度が認められる事情

減額返還制度には次の9つの事情が定められています。

①経済困難

②失業中

③新卒等

④災害

⑤傷病

⑥特別研究員

103

第2部　もしも返せなくなってしまったら

　⑦海外居住

　⑧外国で研究中

　⑨今年海外から帰国

　このうち利用者が多いと思われるのは経済困難を理由とする減額返還です。対象となる収入（所得）は、年収325万円以下、年間所得225万円以下が基準となっており、返還期限猶予と比べて25万円高くなっています。つまり、若干緩やかな条件になっています。

　その理由は、2014年4月から日本学生支援機構の制度が変更され、一律25万円を収入・所得から控除して審査することになったためです。また、返還期限猶予の場合と同様に、「特別な支出」による控除もありますので、年収が325万円を超えていたとしても、超えた金額以上が控除として認められれば、減額返還制度が利用できることになります。

　注意しなければいけない点もあります。万が一、減額返還制度の利用中に2回続けて支払ができなかった場合は、延滞発生時にさかのぼって減額返還の適用が取り消され、減額返還適用前の月々の返済額に対して延滞金を加えた額を返済しなければなりませんので気をつけてください。

Ⅳ 本人が死亡または労働能力を喪失した場合

1 返還免除制度

　返還免除制度とは、

　①本人が死亡し返還ができなくなったとき

　②本人が精神若しくは身体の障害により労働能力を喪失、または労働能力に高度の制限を有し、返還ができなくなったとき

のいずれかの場合に、日本学生支援機構に申請することにより、まだ返

第４章　計画どおりに返済できなくなったとき

済していない金額の全部または一部の返済が免除される制度です。

2 申請に必要な書類

（a）死亡による免除のとき

①相続人と連帯保証人が連署した（機関保証の方は相続人のみ）奨学金返還免除願

②本人死亡の事実が記載された戸籍抄本等の公的証明書

（b）精神若しくは身体の障害による免除のとき

①本人と連帯保証人が連署した（機関保証の方は本人のみ）奨学金返還免除願

②返還することができなくなった事情を証する書類：本人と連帯保証人の状況について記載した「家庭状況書」

③医師が記載した診断書（日本学生支援機構所定の用紙）

これらを揃えて提出する必要があります。

105

第 2 部　もしも返せなくなってしまったら

第4章 まとめ

- ●奨学金の返済が困難になった場合の日本学生支援機構の主な救済制度として、返還期限猶予制度と減額返還制度があります。

- ●返還期限猶予が認められれば、一度の申請で1年間返済が猶予され、その間は利息が増えたり、延滞金が発生することはありません。

- ●返還期限猶予を利用できる期間は上限10年のものと、上限がないものとがあり、猶予の事情によって異なります。

- ●「経済困難」を理由とする猶予は、年収（税込）300万円以下の場合に利用できます。

- ●「特別な支出」による控除がある場合、年収300万円以上でも返還期限猶予が認められる場合があります。

- ●公的な所得証明書は、過去5年分しか取得できないケースが多いです。

- ●延滞金が発生していても、年収200万円以下であれば延滞据置猶予が利用できます。

- ●年収（税込）325万円以下であれば、減額返還制度を利用できます。

- ●減額返還制度を利用した場合、月々の返済額を2分の1または3分の1にして2倍または3倍の期間をかけて返済していくことになります。

- ●減額返還制度を利用している期間は、利息が増えたり、延滞金が発生することはありません。

コラム

新社会人のためのローン入門

●収入の範囲で生活するのが鉄則

　日本学生支援機構の奨学金を利用した場合の賢い返済について考えてみましょう。上手に家計をやりくりする鉄則は1つしかありません。「収入の範囲で生活する」ということです。代表的な利用例をもとに説明します。

　大学4年間、月額8万円を0.16％の利率固定方式で利用すると、元金384万円に利息6万4917円が加わり、返還総額は390万4917円になります。返済期間を最長の20年（240か月）に設定すると、月々の返済金額は1万6270円です。

　大卒初任給は平均約20万円ですが、ここから社会保険料として健康保険、厚生年金、雇用保険、さらに所得税が引かれます。2年目は多少昇給しますが、住民税の負担が生じますから支給金額はむしろ減ることもあります。総支給額からこれらを引いた金額が、実際に使える手取り金額です。手取りは総支給額の90～80％程度と考えておきましょう。ここでは手取り17万5000円と仮定します。

　ほとんどの企業では副業は禁止です。学生時代と違って、急な出費があってもバイトをして収入を増やすことはできません。つまり、この17万5000円で生活費をすべて賄わなければなりません。

　生活費で最も金額が大きいのは家賃です。実家や寮に住める方を除けば、首都圏だと家賃と光熱費で7～8万円はかかります。それに加えて、食費、携帯代、付き合いでの飲み会など、必要な出費だらけです。通勤用の衣服や靴も最低限は揃えなければいけません。社会人1年目はなにかと出費が多いのです。

107

● 4月から奨学金の「つもり」貯金をしておこう

　ただでさえ、17万5000円ではギリギリの生活です。そこに、卒業して半年後の10月からは日本学生支援機構への返済が始まります。先の例では、1万6270円です。頭では理解していたとしても、それまでの半年間、毎月17万5000円の予算で生活していると、いきなり1万6270円の出費が増えるのはかなり厳しいはずです。なんとかなると思っていると、すぐに返済が滞ってしまいます。

　そうならないためには、10月からといわず、初任給を受け取ったら即座に、1万6270円を奨学金返済のためのリレー口座に入金してください。4月から支払いが始まったつもりで、毎月の返済金額を積み立てるのです。もちろん、5月から9月まで毎月です。そうすると、9万7620円の貯金ができます。社会人になれば、冠婚葬祭などで不意の出費も増えますので、このお金を緊急時のための貯金にするのです。くれぐれも全部使ってしまうことのないようにしてください。

●クレジットカードの利用は慎重に

　社会人にとって、収入の範囲で生活することの大敵になるのがクレジットカードの利用です。分割払いができますから、突然、高額な買い物が必要になった場合などにはたしかに便利ですが、利用には注意が必要です。

　なぜかというと、クレジットカードをショッピングで利用する場合の上限金利（手数料）は20％と、かなり高めなのです。これは一般社団法人日本クレジット協会の自主規制でそのようなルールを設けているからです。ただし、ほとんどのクレジット会社では2回払いまでは金利はかかりません。支払い回数が少ないほど金利も低く設定されています。

　通常の分割払いは支払回数を指定します。例えば10万円の買い物を10回払いにすれば、月々1万円プラス金利（手数料）を支払います。金利（手数料）15％で10万円を10回の分割払いにしたときの手数料の総額は

約6000円です。突然クーラーや冷蔵庫が壊れてしまったときなどは利用を考えてもいいかもしれません。

特に注意が必要なのはリボ払いです。リボ払いというのは、月々の支払い金額を一定にして、回数が増えていきます。月々の支払い金額をかなり自由に設定できますから、支払負担が少なくなったような錯覚に陥ります。支払い回数が増えれば金利も増えるのですが、そのコストに鈍感になってしまうのです。

例えば、10万円の買い物をして月々5000円のリボ払いで設定すると、手数料の総額は1万2909円です。これだけならば、分割払いとそれほど違いはありませんが、リボ払いの怖いところは、返済が終わらないうちにさらに買い物をしても、月々の支払金額があまり変わらないことです。10万円の買い物をした3か月後にさらに10万円の買い物をしても、返済金額は設定した5000円のまま、返済期間だけが延びます。いつまでたっても返済が終わらないうえに、残高が増えればそれに応じて手数料も増えていきます。

クレジットカード会社の収益は、年会費、加盟店からの手数料、それと分割払い・リボ払いなどから得られる金利収入です。リボ払いを使ってくれれば高額の手数料収入がありますから大歓迎です。近年、カード会社はさかんにリボ払いをすすめてきますが、けっして安易に使わないようにしてください。

●おすすめは繰り上げ返済

　奨学金も借金です。借金には金利が付きます。もちろん、カード会社に比べれば利率はずっと低いのですが、借りる金額が大きいため、返済が長期間になればなるほど返済額の総額は増えます。有利に返済するには繰り上げ返済が効果的です。奨学金はいつでも繰り上げ返済が可能ですし、手数料もかかりません。金銭的に余裕ができたときには、繰り上げ返済をおすすめします。

　ただし、もしリボ払いやクレジット払い、カードローンなどを利用されていたら、そちらの繰り上げ返済を優先してください。金利の高い借金から返済していくのが借金返済の鉄則です。　　　　　　　　　（柴田武男）

第5章 延滞による裁判について知っておこう

前章で紹介した「返還期限猶予制度」や「減額返還制度」を利用せずに奨学金の返済を延滞し続けてしまうと、日本学生支援機構は法的手続をとってきます。
本章では、この法的手続の具体例や、裁判所から書類が送られてきた場合の対応について説明します。
私たちに寄せられた相談や日本学生支援機構との裁判事例についても紹介します。

I 裁判に至るまで

1 9か月延滞を続けると裁判所から書類が届く

前章では、日本学生支援機構の奨学金の返済はできるだけ延滞しないように、どうしても払えない場合は事情に応じて返還猶予を願い出ることをおすすめしました。本章では、延滞をし続けるとどうなるかについて、実際にあった事例をもとに説明していきます。

まず、「奨学金の返済を延滞し続けるとどうなるの？」という質問に

第2部　もしも返せなくなってしまったら

一言で答えるなら、「裁判上の手続が始まります」という答えになります。

　現在の日本学生支援機構の運用では、奨学金を9か月続けて延滞すると裁判上の手続が始まると言われています。具体的には、裁判所の封筒に入った「支払督促申立書」という書類が送られてきます。ここまで延滞してきた方は、それまでにも日本学生支援機構から早く奨学金を返済するようにという内容の督促状が送られていたはずです。しかし、この段階になると、日本学生支援機構ではなく裁判所から書類が送られてくるのです。

ア どこの裁判所から送られてくるのか

　督促状は奨学金返済者の住所を管轄する簡易裁判所から送られてきます。簡易裁判所は各都道府県に数か所ありますが、例えば、埼玉県を例にとりますと、さいたま市浦和区にお住まいの方の場合は、浦和にあるさいたま簡易裁判所になりますし、さいたま市大宮区にお住まいの方の場合は大宮簡易裁判所、川越市にお住まいの方の場合は川越簡易裁判所となります。ですから、裁判所から送られてくる封筒には、「○○簡易裁判所」と明記されており、その簡易裁判所の場所は、基本的に奨学金返済者の住所に最も近い場所になっているはずです。

イ どんな書類が送られてくるのか

　多くの方は書類が送られてきた段階で動揺してしまうかもしれませんが、まずは落ち着いて封筒の中身を確認してください。裁判所から送られてくる封筒には、日本学生支援機構が作成した「支払督促申立書」、奨学金返済者が自分で記入して裁判所に返送するための「督促異議申立書」、そして「裁判所からの説明文」が入っています。

　支払督促申立書は、最初に「支払督促」というタイトルのページがあります（図表5-1a）。ここには、「債務者は、請求の趣旨記載の金額を債権者に支払え。債務者がこの支払督促送達の日から2週間以内に督促異議を申し立てないときは、債権者の申立てによって仮執行の宣言をす

112

第5章　延滞による裁判について知っておこう

図表 5-1a　支払督促申立書1（サンプル）

```
平成 29 年（ロ）第 111 号

              支 払 督 促

当事者の表示，請求の趣旨・原因は，別紙記載のとおり。

債務者は，請求の趣旨記載の金額を債権者に支払え。

債務者がこの支払督促送達の日から2週間以内に督促異議を申し立てない

ときは，債権者の申立てによって仮執行の宣言をする。


      平成 29 年 3 月 1 日

          さいたま 簡 易 裁 判 所

              裁判所書記官　　埼 玉 花 子


          上記は正本である。

              同 日 同 庁

              裁判所書記官　　埼 玉 花 子



      〔注意〕

          本件につき提出する書面には上記の事件番号を記入してください。
```

る」と記載されています。

　ふだん見慣れない言葉がいくつも出てくるので、意味がわからないか
もしれませんが、特に難しいことは書いてありません。「債権者」とは、
請求する側＝日本学生支援機構、「債務者」とは請求される側＝奨学金
返済者のことです。また、「仮執行の宣言」とは、法的に奨学金返済者

113

第２部　もしも返せなくなってしまったら

図表５-１b　支払督促申立書２（サンプル）

当事者目録

〒226-8503　横浜市緑区長津田町４２５９番地

　　債　権　者　　独立行政法人日本学生支援機構

　　代表者　理事長　　遠藤　勝裕

　　（送達場所）

　　事務担当事務所

　　〒153-8503

　　東京都目黒区駒場４丁目５番２９号

　　独立行政法人日本学生支援機構

　　　関東甲信越支部　　担当者　機構　太郎

　　（電話03-xxxx-xxxx　・ＦＡＸ03-xxxx-xxxx）

〒330-0064　さいたま市浦和区岸町７丁目１２番１号　東和ビル４階

　　債務者　　　　埼玉　太郎

の給料などの財産を差押えることが可能になるということです。

　つまり、ここに記載されている内容は、裁判所からこの封筒を受け取った日の翌日から２週間以内に、同封されている「督促異議申立書」を裁判所に提出しなければ、日本学生支援機構から給料などの差押えがなされてしまう可能性がありますよ、ということを意味しているのです。

第 5 章　延滞による裁判について知っておこう

図表 5 - 1 c　支払督促申立書 3（サンプル）

請求の趣旨

1．（主たる請求）

　　金 3,000,000 円（返還期日経過元本額）

2．（付帯請求の 1）

　　金 1,000,000 円（請求金額内訳書の延滞金の合計額）

3．（付帯請求の 2）

　　　上記 1 の元本額金 3,000,000 円に対する，平成 28 年 12 月 28 日から完済に至るまで，6 か月を超えるごとに，その 6 か月について 2．5％の割合による金員。

4．金 13,000 円（本件申立手続費用）

　次が、「当事者目録」というタイトルのページです（**図表 5 - 1 b**）。ここには、支払督促を起こされた債務者である奨学金返済者の氏名、住所が記載されています。また、債権者である日本学生支援機構の名称、所在地、理事長名のほか、担当者名とその連絡先が記載されています。日本学生支援機構と奨学金返済の話し合いをしたい場合は、ここに記載さ

115

第 2 部　もしも返せなくなってしまったら

れた電話番号に電話し、担当者と話をするようにしてください。

　続いて、「請求の趣旨」というタイトルのページがあります（**図表5-1c**）。ここには、この支払督促手続で請求されている金額が記載されています。「1．主たる請求」には奨学金元金が、「2．付帯請求の1」にはこの支払督促を受けた時点ですでに発生した延滞金額が、「3．付帯請求の2」には今後発生する予定の延滞金額が、最後の「4」には、日本学生支援機構が支払督促に要した費用（収入印紙代など）の金額がそれぞれ記載されており、奨学金返済者はこれらを合計した金額を請求されているということになります。

❷ 財産の差押え

　ここで、いったん奨学金のことを離れて、法律上の「財産の差押え」について説明します。

　「AさんがBさんに100万円を貸したがまったく返済してもらっていない」というケースで考えてみます。AさんがBさんに100万円を返済するようにという訴訟を起こし、勝訴判決を得たとします。そうすると、法的にはBさんはAさんに100万円を支払わなければならないのですが、それでもBさんは支払いません。そこで、Aさんとしては、Bさんの財産がわかっている場合には、裁判所から得た勝訴判決をもってBさんの財産を差し押さえ、強制的に100万円の支払いを受けることができます。

　このとき、Bさんがどのような財産を持っているかが問題となるわけですが、仮に銀行口座に100万円があれば、Aさんはその口座を差し押さえ、その銀行から直接100万円の支払いを受けることができます。また、Bさんが不動産を持っていれば、その不動産を差し押さえ、競売してその代金から100万円の支払いを受けることもありえます。さらに、Bさんが会社で働いていれば、AさんがBさんの給料を差し押さえるこ

116

第5章　延滞による裁判について知っておこう

とも可能です。ただし、民事執行法という法律によって、給料の差押えの場合は、給料の4分の1までしか差押えができないことになっていますので、Bさんの1か月の給料が20万円だとした場合、差し押さえられるのは1か月5万円が上限で、それ以外の15万円については差し押さえられることはありません。

　もっとも、給料の差押えの効果は、Aさんへの100万円の支払いが終わるまで続きますから、1か月5万円の差押えだとすると、20か月差押えの効力が続くことになります。給料の差押えの場合、この1か月5万円については、Bさんではなく、Bさんの会社が直接Aさんに支払うことになります。また、給料の差押えの書類が裁判所から会社に直接送付されますので、Aさんが貸金の返済をしていないことが会社にわかってしまうことになります。

　話を奨学金の支払督促に戻しましょう。このように裁判所からの支払督促を2週間放っておくと、自分の財産が差し押さえられることになります。特に給料の差押えの場合は、裁判所から会社に書類が送付されてしまい、奨学金返還を延滞していることを知られる可能性が出てきます。ですから、きちんと「督促異議申立書」を書いて裁判所に提出する必要があるのです。

❸「異議申立書」の提出

　「督促異議申立書」の書き方について説明します。裁判所から送られてくる封筒に「督促異議申立書の書き方」という書類も同封されていることがありますので、その場合はそれを参照して記載してください。筆者が把握している限りでは、「督促異議申立書」や「督促異議申立書の書き方」といった書類は、裁判所によって多少違いがあるようです。

　この異議申立書を出さないと前述の給料の差押えなどの措置を受ける可能性がありますので、そのような事態を避けようとするのであれば、

117

第2部　もしも返せなくなってしまったら

異議申立書の提出は必須です。裁判所から送られてくる支払督促の書類を返送しないまま2週間が経過すると、日本学生支援機構から給料の差押え等がなされる場合がありますが、この異議申立書を裁判所に提出すれば、通常の裁判、つまり訴訟に移行します。

ア 「通常の裁判」とは

裁判や訴訟などと言われると、一般の方には大事件のように感じられてしまうかもしれませんが、そんなことはありません。

「通常の裁判」にはさまざまなものがあります。そのすべてを説明することは困難ですが、ここでは奨学金の返済を求める訴訟を念頭に置いて説明します。

この場合、裁判の進め方としては、ごく大雑把に言えば、

①相手の主張を認めずに争う

②相手の主張を認めた上でその解決方法を話し合う

の2種類があると言えるでしょう。

奨学金の延滞で支払督促が申し立てられ、異議申立をして裁判になった場合の多くは、奨学金を借りたこと（相手の主張）は認め、具体的な返済方法（毎月いくらの返済額にするか）について話し合う裁判になると思いますので、②のケースが多いと言えます。

もっとも、本人が中学生や高校生のときに、親などの親戚が知らないうちに子どもの名義で借りてしまったというケースもまれにあります。そのような場合は、借りたことにはならないという主張を裁判で争うことになるわけですから、①のケースに該当します。このケースは後ほどの裁判例で紹介します。

イ 管轄の変更

通常の裁判に移行すると、請求を受けている奨学金の元金の金額によっては管轄する裁判所が変更される場合があります。元金が140万円未満である場合はそのまま簡易裁判所の管轄ですが、140万円以上の場

合は、その簡易裁判所を管轄する地方裁判所が管轄することになります。地方裁判所は簡易裁判所よりも数が少なく、例えば埼玉県では、浦和、川越、越谷、熊谷、秩父の5か所しかありません。ですので、請求を受けている奨学金の元金が140万円以上の場合、大宮簡易裁判所から届いた支払督促に対して異議申立書を提出すると、管轄の裁判所は浦和にあるさいたま地方裁判所になりますし、所沢簡易裁判所から届いた支払督促に対して異議申立書を提出すれば、管轄の裁判所はさいたま地方裁判所川越支部となります。

④ 私立大学・4年間自宅通学で第一種奨学金を借りたケース

　ここでは圧倒的に多い上記[ア]②のケースを取り上げます。

　例として、私立大学に自宅から通っていた学生が日本学生支援機構から無利子の第一種奨学金を借りたものの、卒業後何らかの理由により一度も返済できずに支払督促申立がなされたケースを考えてみましょう。

　私立大学に自宅から通学する場合、現在の日本学生支援機構奨学金では、月5万4000円の貸与を受けることが可能ですので、

　　5万4000円（月）× 4年間（48か月）＝259万2000円

の貸与を受けたとします。

　その金額を大学卒業半年後から15年間かけて返済していくとすると、

　　259万2000円 ÷ 15年（180か月）＝ 1万4400円

を毎月返済していくことになります。

　ところが、現在の日本学生支援機構の運用では、延滞が数か月続くと一括で全額を返済せよという請求に代わります。つまり、本来、毎月1万4400円を返済すればよいところを、ただちに15年分の259万2000円を返済せよという請求になるのです。これを私たちは「繰り上げ一括返還請求」と呼んでおり、現在の日本学生支援機構の取立方法の問題点の1つであると認識しています。

119

第2部　もしも返せなくなってしまったら

　この繰り上げ一括返還請求が始まるとどうなるのか。それは「延滞金」
に大きな影響を及ぼします。

ｱ 繰り上げ一括返還請求による膨大な延滞金

　日本学生支援機構の奨学金では、第一種の場合は元金のみ、第二種の
場合は元金と利息を返済しなければなりません。しかし、延滞すると、
これらに加えて延滞金が発生します。第二種を借りた方が延滞した場
合、元金、利息、延滞金という3種類の合計額を返済しなければなら
なくなります。

　延滞金の利率は年5％（2014年4月以前は年10％）です。さきほどの
例で言えば、月1万4400円に対する延滞金は年720円です。ところが、
繰り上げ一括返還請求がなされてしまうと、請求金額259万2000円に
対する延滞金は年12万9600円にもなります。

　しかも、日本学生支援機構の奨学金の場合、延滞してから返済するお
金は「延滞金→利息→元金」の順に充当されます。このケースでは、1
か月に1万円ずつ返済したとしても、その全額はすべて延滞金に充当さ
れてしまい、何年支払っても元金が1円も減らないという事態になるの
です。筆者が相談を受けたケースでは、毎月5000円ずつ、合計で50万
円以上返済したものの、実はその返済のすべてが延滞金に充てられてお
り、元金は1円も減っていなかったということが実際にありました。

　もともと月1万4400円を支払えない方に対して、259万2000円を
一括で支払うように求めても無理な要求なのですが、その請求によって
延滞金までもが多額になってしまうと、とても返済できる金額ではなく
なってしまうのです。

ｲ 「異議申立書」を書こう

　さて、月1万4400円を支払えない方の事例を続けます。通常、日本
学生支援機構は、裁判上の手続きを行う前から繰り上げ一括返還請求を
して奨学金全額と延滞金の督促を行っているものと思われます。そのた

め、裁判上の手続きにおいても繰り上げ一括返還請求がなされているはずですので、「259万2000円及び延滞金を一括で支払うように」という内容の支払督促申立書が来ているはずです。

もし日本学生支援機構が請求している259万2000円及び延滞金の全額をなんとか工面して支払えるのであれば、それで解決です。ただ、多くの方の場合、そんな大金を一括で支払える余裕はないでしょう。おそらく、なんとか分割払いで支払いたいと考えるのではないでしょうか。

しかし、支払督促を放っておけば延滞金も含めた全額について支払わなければならない義務を負いますし、給料の差押え等の危険性もあるわけです。それを回避するには、裁判所から送られてきた異議申立書を書いて提出するしかありません。

異議申立書には、自分の氏名、住所、電話番号等を記載する欄の他、自分の言い分を記載する欄があります。ここをどのように記載すればよいのでしょうか、という相談をよく受けます。もし、自分には奨学金を借りた覚えがないのに支払督促が送られてきたという場合は、ただちに弁護士または司法書士に相談してください。一方、たしかに奨学金を借りたのだけれども返済できていないという場合には、この欄に、自分が月いくらまでならば返済できるかを記載します。

例えば、「一度に支払えないので毎月1万2000円ずつの分割払いにして欲しい」などと具体的に記載し、宛先になっている裁判所に郵送します。

⑤ 利息や延滞金の減額はできるのか

このときによくある相談が、「元金は支払うつもりだけれど、利息や延滞金はなんとかならないのでしょうか」というものです。気持ちはわかりますが、結論から言いますと、現在の日本学生支援機構には利息を減免するという制度はなく、延滞金の免除や減額もきわめて限られた

121

第2部　もしも返せなくなってしまったら

ケースのみで、これを認める運用も行っていません。つまり、すでに発生してしまった延滞金は逃れようがなく、全額を支払うことが必要になってきます。

　もっとも、前章で説明した返還期限猶予の制度を利用できた場合には、延滞金が減額または全額なくなるということもありえます。猶予制度を利用するには、①「猶予の事情」と②「それを証明する書類」が必要になります。詳しくは前章をご確認ください。

⑥ 和解が成立する条件

　では、延滞金も含めて全額を支払うことに同意するとして、どのくらいの分割払いであれば和解できるのでしょうか。

⑦ 20年240回払いが和解の上限か

　どうやら現在の日本学生支援機構の運用では、20年間240回払いが分割の上限となっているようです。「ようです」というのは、分割払いの基準は公表されているわけではなく、私たちもこれが正しいとは断言できないのです。ただ、私たちがこれまで相談を受けた事例等から推測すると、おそらく20年間が上限なのではないかと考えられます。

　さきほどの月1万4400円を支払えない方の事例で、一度も返済をせず1年間延滞したというケースを想定してみましょう。延滞金を含めると、

　　元金259万2000円＋延滞金12万9600円＝272万1600円

を返済しなければいけません。これを上限の20年間240回の分割払いで支払うとすれば、月々の支払は

　　　　　　　272万1600円÷240回＝1万1340円

となります。この金額を月々支払うことを約束すれば、日本学生支援機構が納得してくれる可能性があるということです。

　しかし、これはあくまで分割回数が上限の場合ですので、これ以下の

122

第5章　延滞による裁判について知っておこう

返済金額を提示したのでは認めてくれない可能性は高いと思われます。例えば、月1万円の支払いで分割払いを認めてほしいと要求したとしても、認められない可能性が高いのです。

そこでまずは、請求された金額を240回払いで返済することが可能であるかどうかを検討してみてください。可能であれば、月々の返済金額を提示した異議申立書を返送します。不可能であれば、日本学生支援機構の条件では支払いを続けられる可能性が低いと思われますので、第6章「どうしても返済できなくなったら」をご参照ください。

イ 多めに返済したい場合

逆に、月々1万1340円よりも多い金額を払える方もいるかと思います。その場合は日本学生支援機構の基準内だと思われますので、月1万5000円でも2万円でも構いません。月々の返済金額が多い方が当然完済の日が早くなりますので、余裕のある方はそれぞれの資力に見合った金額を提示してください。

❼ 「異議申立書」を提出した後の流れ

無事に異議申立書を提出できたとして、この後の流れについて説明します。

ア 裁判所から呼び出し状が届く

さきほど述べたように、支払督促は異議申立書を提出すると通常の裁判に移行し、奨学金元金の金額が140万円未満の場合は簡易裁判所から、140万円以上の場合は地方裁判所から、再度書類が届きます。

この書類には「何月何日の何時何分に裁判所のどの法廷に来るように」ということが記載されています。この決められた日時に裁判所に出廷しなければ自分の敗訴判決となってしまう可能性があります。そうなってしまうと、延滞金も含めた全額を一括で支払えという判決が出ますので、必ず出廷するようにしてください。

123

第2部　もしも返せなくなってしまったら

　仕事などの都合で指定の日時に出廷できない場合は、裁判所に電話して、日程を変更してもらうように要請してください。裁判所の電話番号は裁判所から送られてくる書類の中に記載してあり、担当の裁判所書記官の名前も記載されていますのでそちらに電話してください。

イ 和解する場合

　裁判所から書類が届いた際の対応はこの通りなのですが、実際にはこの書類が届く前、あるいはこの書類を裁判所に提出する前に日本学生支援機構側から電話で連絡がくるケースが多いようです。

　電話をかけてくるのは、日本学生支援機構職員の場合もありますし、日本学生支援機構の代理人の弁護士である場合もありますが、「和解」が可能かどうかを尋ねてきます。ここでいう「和解」とは、さきほど述べた20年240回以内の分割払いの約束ができるかどうかということです。

ウ 必ず一度は裁判所へ出向かないといけない

　和解の場合は電話で分割払いの約束がなされるわけですが、この約束はこの時点では確定的なものではありません。おそらく日本学生支援機構側からも説明があるでしょうが、支払督促という法的手続に入った以上、必ず1回は裁判所に行く必要があります。裁判所に行き、事前に日本学生支援機構側と決めた返済条件を裁判所で「和解調書」にします。

　「和解調書」というのは、裁判所で当事者が和解した内容を法律的な文書にするもので、奨学金の場合は、日本学生支援機構と奨学金返済者との取り決めをそこに記載します。

　例えば、上の例では、「平成○年○月から毎月1万1340円を240回支払うことを約束する」という内容が和解調書に記載されます。また、「この取り決めを破って奨学金の支払いを2か月分延滞した場合（この例では1万1340円×2回＝2万2680円を延滞した場合）、再度一括して全額を支払わなければならない」という内容も記載されることが通常で

第5章　延滞による裁判について知っておこう

す。この和解調書は、判決と同じ効力を持ちますので、この和解調書の支払い条件を守れなければ、日本学生支援機構は奨学金返済者の給料の差押え等をする可能性もあります。ですので、日本学生支援機構と約束する月々の返済額は本当に支払いが可能な金額かどうか、よく考えてから回答する必要があります。

エ　実際の裁判の様子──弁護士に依頼しない場合

　日本学生支援機構と和解可能な返済条件が提示できるのであれば、弁護士に依頼しなくても解決が可能です。

　筆者は、何度かこのような裁判の傍聴をしたことがありますので、少し推測を交えながら流れを説明します。

　まず、裁判が始まる前に、日本学生支援機構側代理人の弁護士が法廷の外で奨学金返済者と打合せをし、事前に奨学金返済者が回答した返済条件を確認します。その後、法廷に入り、和解条項が記載された書類を裁判官に渡します。裁判が始まると裁判官がその書類を読み上げ、裁判上の和解が成立します。和解の内容は、後日、和解調書となって郵送されてきます。

　一度は裁判所に行かなければなりませんが、その場で裁判官や日本学生支援機構側から何か質問を受けるということは基本的にはありません。事前に日本学生支援機構側と取り決めた内容で裁判上の和解を成立させるという形式的な意味しかないので、あまり心配することはありません。

　ただし、裁判所に出廷しなければ裁判上の和解も成立しません。事前に日本学生支援機構側と話がついたからといって出廷しないと、その事前の話し合いも法的に意味のないものとなってしまいますから注意しましょう。

　こうして裁判所で和解が成立したあとは、その内容に従って、月々返済をしていくことになります。さきほど説明したとおり、この裁判所で

125

第２部　もしも返せなくなってしまったら

の取り決めを破って奨学金の支払いを２か月分延滞した場合は、再度一括して全額を支払わなければなりませんし、給料の差押え等の可能性もあります。くれぐれも延滞はしないように十分気をつけましょう。

❽「異議申立書」を提出しなかった場合

これまで説明してきたとおり、裁判所から支払督促申立書が送られてきた場合、２週間以内に異議申立書を提出しなければなりません。これを提出しなかった場合は給料の差押え等の可能性が出てきます。

ア「仮執行宣言付支払督促申立書」が届く

２週間以内に異議申立書を提出しないと、裁判所から「仮執行宣言付支払督促申立書」という書類が送られてきます。法律的には、この書類が送られてくる段階で日本学生支援機構は給料の差押え等ができるのですが、「仮執行」といって、まだ後から覆る可能性のある状態です。

これを日本学生支援機構の勝訴判決（奨学金返済者にすれば敗訴判決）として確定させるためには、日本学生支援機構は「仮執行宣言付支払督促申立書」を裁判所に提出する必要があります。日本学生支援機構がこの書類を提出すると、裁判所から奨学金返済者のもとに送られてくるのです。

イ　もう一度「異議申立書」提出のチャンス

この「仮執行宣言付支払督促申立書」も、最初に送られてくる「支払督促申立書」と同様、書類を受け取った日から２週間以内に異議申立書を提出できます。

封筒に同封されている異議申立書に、自分の言い分（月々いくら返済できるかなど）を記載して、裁判所に郵送してください。

その後の流れは一度目の支払督促のときと同じですので、❼を参照してください。この「仮執行宣言付支払督促申立」に対しても異議申立書を提出せずに２週間が経過してしまうと、奨学金返済者が敗訴判決を受けたのと同じ状態となり、いくら言い分があったとしても後でそれ

を主張することは基本的にできなくなりますので、それは避けるように
してください。

ウ できれば最初に「異議申立書」を提出しておく

　以上みてきたように、裁判所から送られてくる支払督促に対して異議
申立書を提出できる機会は二度あるわけです。ですが、最初の支払督促
から2週間以上が経過してしまうと、法律上は給料の差押え等ができ
るようになるわけですから、最初にきちんと異議申立書を提出して、日
本学生支援機構と話し合いをするようにした方がよいでしょう。

　ただ、何らかのやむをえない事情により最初の支払督促から2週間
が経過してしまったとしても、二度目の支払督促（仮執行宣言付支払督
促申立）がありますので、そのときには2週間以内に異議申立書を提出
するようにしてください。

　とはいえ、これまで述べてきた説明は、結局、月々ある程度の金額を
返済できる方が取りうる手段と言えます。ですので、どうやっても月々
の返済ができないという方は第6章「どうしても返済できなくなったら」
をお読みください。

Ⅱ 埼玉奨学金問題ネットワークに寄せられた奨学金相談

❶ 実際の相談例

　埼玉奨学金問題ネットワークは2013年9月に設立されました。当初
から、埼玉県在住の方を対象として、法律家（弁護士・司法書士）が奨
学金に関する無料相談を実施しています。埼玉県在住の方のみということ
とで、相談件数は多くはないですが、それでも月2～4件程度の相談
が寄せられます（埼玉県在住以外の方の相談先は巻末の奨学金返済相談先一

第 2 部　もしも返せなくなってしまったら

覧をご参照ください)。

　高校 2、3 年生のお子さんを持つ親御さん、あるいは大学生本人から、「日本学生支援機構の奨学金を借りることを考えていますが、気をつける点を教えてください」など、奨学金を借りる際の相談も 1 ～ 2 割ありますが、8 割以上は奨学金返済に関する相談です。

　その中でも特に多い相談が、①日本学生支援機構に返還期限猶予などの制度の申込をしたが利用できないと言われた、②奨学金返済を延滞してしまい督促状が届いた、の 2 種類です。

ア 制度が利用できないという相談例

　実際に寄せられた①の相談としては次のようなものがありました。

〈相談例 1〉

　これまで年収300万円以下で返還期限猶予を使えていたが、数か月前から300万円を超えてしまい、月々 5 万円も返済しなければならない。日本学生支援機構に話をしても、300万円の基準を満たさなければ猶予制度は利用できないと言われた。このままでは転職をして給料を年収300万円以下に下げないといけないのではないかと考えている。

〈相談例 2〉

　年収が330万円なので返還猶予や減額返還の制度の利用は不可。毎月ローンの返済や通院費の支払いもあり、奨学金を返済するのは困難。

〈相談例 3〉

　年収は300万円を超えているが、病気の母の看護に費用がかかる。奨学金を返済できる余裕はないが、返還期限猶予制度が利用できない。

　(注) 日本学生支援機構の返還期限猶予は、経済困難を理由とする場合は年収300万円以下であることが条件になっています。もっとも、年収300万円を超える場合でも、日本学生支援機構が認める「特別な支出」があれば、その金額を控除した年収で猶与を認めるか否かを判断するため、猶予制度を利用できる可能性もあります。詳しくは、第 4 章を参照してください。

第5章　延滞による裁判について知っておこう

イ　延滞によって督促を受けているという相談例

②の実際の相談としては次のようなものがありました。

〈相談例 4 〉

病気で収入がほとんどないため、奨学金を返済しないでいたが、日本学生支援機構から督促状が届き、どうせ返済できないからと放置していたところ、今度は裁判所から支払督促の書類が送られてきた。

〈相談例 5 〉

息子が奨学金を返済できず一度裁判所で和解をした。その後、息子が病気になって収入が減ってしまったため、奨学金の返済を延滞したところ、給料が差し押さえられた。奨学金返済を延滞していることが会社にわかってしまい、息子は会社を辞めさせられそうになっている。

〈相談例 6 〉

収入が少なく、奨学金を返済できる見込みがないので自己破産手続をしたい。

〈相談例 7 〉

奨学金を返済するように日本学生支援機構から督促状が届いたが、自分は奨学金を借りた覚えがない。

〈相談例 8 〉

奨学金を長期間延滞してしまっているが、時効という手段は使えないか。

ウ　その他の相談例

①②のいずれにも当てはまらない相談としては次のようなものがありました。

〈相談例 9 〉

自分が借りた奨学金について母が連帯保証人、叔母が保証人になっているが、自分が返済できなくなったときに母と叔母に迷惑をかけたくないので、人的保証から機関保証に切り替えたい。

129

第 2 部　もしも返せなくなってしまったら

〈相談例 10〉

　派遣社員のため収入が年300万円以下なので、現在、返還期限猶予制度を利用している。猶予期間が切れたらどうなってしまうか不安。

（注）経済困難を理由とする場合の返還期限猶予は上限 10 年となっています。2014 年 4 月以前は上限 5 年でしたが延長されました。

② 人的保証・機関保証を変更したい場合

　日本学生支援機構の奨学金は、申込時に人的保証か機関保証かを選択することになっています。上記の相談にもあるように、この一度選択した保証の種類を返済途中で変更できるかについて説明します。

ア 機関保証から人的保証への変更

　日本学生支援機構の制度では、機関保証から人的保証への変更はできないことになっています。

イ 人的保証から機関保証への変更

　機関保証は、日本育英会が日本学生支援機構に移行した2004年度から導入された制度です。

　ですので、2004年度より前に奨学金の貸与を受けた方は、機関保証の利用や機関保証への変更はできないことになっています。

　一方、2004年度以降貸与を受けた方で、連帯保証人や保証人が死亡するなどして代わりの保証人を立てられなくなった場合に限り、人的保証から機関保証へ変更することができます。ただし、この場合、貸与時にさかのぼって、保証料を一括で支払うことが必要となります。例えば、月10万円の奨学金を大学 4 年間に機関保証で借りた場合、月々の保証料は約6000円程度ですから、人的保証から機関保証へ変更する際は、6000円×48か月=28万8000円程度の保証料を一括で支払う必要があります。

　また、2017年度以降に奨学金の貸与を受けた方で、人的保証を選択

130

第5章　延滞による裁判について知っておこう

していて、第一種奨学金の返還方式を定額返還方式から所得連動返還方式に変更を希望する場合は、機関保証制度へ変更する必要があります。この場合も、貸与時期に遡り、一括による保証料の支払いが必要となります。

　なお、債務の整理（任意整理、破産、民事再生等）を検討するような経済状態の場合や、奨学金の返還を滞納している場合には人的保証から機関保証へ変更することができません。

ウ　機関保証の場合も返済はしなくてはならない

　人的保証の場合、借りた本人が返済できなければ、本人に代わって保証人である親やおじ、おばなどに日本学生支援機構から請求がなされるということは、みなさん理解されていると思います。

　ところが、機関保証の場合は、借りた本人が返済できない場合、これまで保証料を支払った（毎月の奨学金の入金の際に保証料を天引きされた）のだから、保証機関（公益財団法人日本国際教育支援協会）が本人の代わりに日本学生支援機構に返済した場合、それ以上に自分が返済の負担を負うことはないだろうと考えている人が少なからずいるようです。しかし、それは誤りです。本人が支払えず、本人に代わって保証機関が日本学生支援機構に支払った場合、今度は、保証機関が本人に対してその支払った金額全額を請求してくるのです。この請求を法律上、「求償」といいます。

　ですから、保証機関が日本学生支援機構に支払っても、今度は日本学生支援機構ではなく保証機関に対する同額の支払義務が発生します。このときの保証機関への支払いは、原則として一括返済になりますが、事情がある場合は、個別の経済状況により、分割返済や返済期限猶予についての相談に応じています。もっとも、分割返済や猶予をしてもらっても返済の目途が立たないような場合には、破産などの法的措置を検討する必要があるでしょう（破産については第6章参照）。

131

第2部　もしも返せなくなってしまったら

❸ 消滅時効の成立

　「奨学金を長期間延滞してしまったのですが、時効にはならないのでしょうか？」という質問を受けることがたびたびあります。

　ここでいう「時効」という制度は、民法に規定があり、一定期間後に権利を取得できる「取得時効」と、一定期間後に権利を失う「消滅時効」とがあります。ここでは、日本学生支援機構が奨学生に対し、一定期間奨学金返済の請求をしなかったことにより、その請求権を失うという内容ですので、消滅時効の話になります。

　民法上、消滅時効は、「権利を行使することができる時」から進行すると定められています。また、消滅時効の期間は、医師の診療に関する請求権は3年、消費者金融の貸金債権は商法の規定により5年など、請求する権利によって異なってきますが、日本学生支援機構奨学金の場合は、民法の原則通り10年になります。

　なお、2017年5月26日に民法改正法案が成立し、消滅時効の期間は「債権者が権利を行使することができることを知った時から5年間」、「権利を行使することができる時から10年間」と変更になりました。この改正法は、2020年に施行される見込みのようですので、施行後は、日本学生支援機構の奨学金の消滅時効期間は5年間となります。本書では、現行民法を前提とした説明をします。

ア 消滅時効は10年

　10年以上前に返済期限が到来した分の奨学金については消滅時効が完成していることになります。このとき、10年以上前の奨学金は延滞金だけでなく、元金と利息も消滅することになります。

　ここで注意していただきたいのは、10年以上返済していないからといって奨学金のすべてが消滅時効にかかるわけではなく、10年以上前に返済期限が到来した分の奨学金（元金・利息・延滞金）のみが消滅時

132

効にかかるという点です。

　例えば、日本学生支援機構奨学金を13年間延滞している場合、10年以上前に返済期間が到来している10年前から13年前の3年間については、消滅時効を主張することにより、その返済義務が法律上消滅します。しかし、返済期限から10年経過していない分については消滅時効が完成しておらず、いまだ支払義務が残るということです。

　日本学生支援機構奨学金の場合、月々返済することになっているはずですが、日本育英会の奨学金であれば、年1回の返済になっていることもありえますので、どの時点から時効が成立しているかをよくご確認ください。

イ 10年以内に裁判を起こされると時効の主張はできなくなる
　　――時効の中断

　消滅時効が完成するまでの間に権利者が裁判を起こせば、時効は完成せずにまた振り出しに戻ります。これを「時効の中断」といいます。日本学生支援機構奨学金について言えば、最初の支払期限から10年以内に日本学生支援機構が裁判（＝支払督促）を起こせば、すべての時効は振り出しに戻って、奨学生側は一部であっても消滅時効の主張をすることができなくなります。

ウ 時効は主張しないと認められない――時効の援用

　民法の時効制度は、時効期間が経過すれば自動的にそれ以前の債務が消滅するというものではなく、請求を受ける側が消滅時効を主張することによって初めて債務が消滅するという仕組みになっています。この時効の主張を「時効の援用」といいます。

　ですから、日本学生支援機構奨学金の場合、最初の支払時から10年間が経過すれば自動的にそれ以前の奨学金が消滅するわけではなく、奨学生側が10年以上前に支払期限が到来した奨学金の消滅時効を主張することにより、初めてその部分の支払義務がなくなることになります。

133

第2部　もしも返せなくなってしまったら

エ　消滅時効を主張する方法

　消滅時効を主張する方法は、法律上、特に決まりがあるわけではありません。ですので、日本学生支援機構に電話して口頭で消滅時効の主張を伝えてもよいのです。しかし、それが後になって、よくある「言った言わない」の話になり、証明が難しくなる場合がありますので、文書で主張しておく必要があります。

　もっとも、普通郵便（受取人の郵便ポストに届く郵便）で送ると、相手にいつどのような内容の郵便物が届いたか後から証明できませんので、郵便局で「内容証明」という制度を利用しましょう。

　「内容証明」は、いつ、どのような内容の文書を、誰から誰宛てに差し出されたかということを郵便局が証明してくれる制度です。「日本学生支援機構宛てに消滅時効を援用する」という内容の文書を作成し、同じ文書を3通、郵便局に持参してください。3通の内訳は、日本学生支援機構に配達するもの、郵便局が保管するもの、自分が保管するものです。内容証明郵便の送付にかかる費用については郵便局にお問い合わせください。

　なお、すでに日本学生支援機構から支払督促が届いている場合は、次に説明するように、異議申立書を提出し、通常の裁判手続に移行した上で、裁判内で主張する方法もあります。

オ　支払督促が届いたら時効が成立していないかチェック

　上記のとおり、消滅時効はそれによって利益を受ける方が主張しなければ効力が生じませんので、権利者が時効にかかった部分も含めて請求をすることに法律上、問題はありません。

　日本学生支援機構は、10年以上延滞した方に対して、消滅時効にかかった部分（＝10年以上前に返済期限が到来した元金、利息、延滞金）まで含めて支払督促で請求してくることがあります。この際、時効に気が付かなければ、消滅時効にかかった10年以上前の分も含めて分割払い

134

第5章　延滞による裁判について知っておこう

の和解をすることになりかねません。

　ですので、奨学金を長期間延滞して支払督促が送られてきた方は、まず、消滅時効の主張が可能かどうか検討してみることが重要です。

　支払督促が届いた場合、裁判所に異議申立書を提出すれば、通常の裁判に移行しますが、この場合は、裁判で消滅時効を主張すれば効力が生じます。主張する方法は、裁判期日に口頭で述べる、もしくは文書に記載して裁判所と日本学生支援機構に送付しても結構です。このときは内容証明郵便を利用する必要はありません。

④ 消滅時効か、返還猶予制度か

ア 消滅時効を使うと返還猶予制度が使えない

　上記のとおり、日本学生支援機構奨学金を10年以上延滞して、かつ、それ以前に日本学生支援機構から裁判を起こされていない場合であれば、10年以上前の分の奨学金（元金・利息・延滞金）については、消滅時効により支払義務を消滅させることが法律上可能になります。

　しかし、日本学生支援機構は、消滅時効を使用した場合は日本学生支援機構の救済制度である返還期限猶予制度を利用できないという取扱いをしています。日本学生支援機構の内部規定である「返還期限猶予制度の運用に関する取扱要領」（平成26年12月26日付理事長決裁）によって、消滅時効を利用した場合は返還期限猶予制度の1つである延滞据置猶予が利用できなくなることが明確に規定されています。

　また、筆者が実際に裁判で体験したことですが、10年以上奨学金を延滞している方が10年以上前の消滅時効と同時に延滞据置猶予でない通常の返還期限猶予を主張したところ、日本学生支援機構側から、消滅時効を主張した場合は、通常の返還期限猶予も利用できないという反論がなされたことがあります。

　従って、日本学生支援機構は現時点では、消滅時効と返還期限猶予の

135

第2部　もしも返せなくなってしまったら

利用を同時に主張することは認めていないようです。

イ　どちらを使うほうが有利なのか

　消滅時効と返還期限猶予の利用を同時に主張することを日本学生支援機構が認めていない現状では、どちらを使うべきかが問題となります。

　さきほどと同様、奨学金の返済を13年間行っておらず、これまで日本学生支援機構から裁判を起こされていないという例で考えてみましょう。この13年間、年収300万円以下であったが、傷病や生活保護利用ではないと想定します。

　このとき、延滞金を極力減らすという観点からすれば、13年間すべてについて返還期限猶予制度を利用できれば延滞金がゼロとなるわけです。しかし、傷病や生活保護利用などの猶予事由がない場合、最高でも10年間遡って猶予するのが限界となります。しかも、前述のとおり、自分の所得を証明する書類（課税証明書など）が長くても7年間、通常は5年間しか取得できません。

ウ　3年分の消滅時効か、5年分の返還期限猶予か

　仮に過去5年間しか課税証明書を取得できなかったとします。このとき、3年分の消滅時効を主張するのと、5年分の返還期限猶予制度を利用するのとではどちらがよいのかということになります。

　まず、5年分の返還期限猶予を利用した場合です。ここで注意していただきたいのが、返還期限猶予を直近5年間利用するとすれば、6年前から13年前まで7年分の延滞金は一括で支払わなければならないという点です。元金がいくらかにもよりますが、古い延滞分ほど延滞年数が増えて金額も高くなっていますので、7年分の延滞金はそれなりの金額になることが想定されます。

　次に、消滅時効を主張した場合です。この場合、10年前から13年前の3年分しか奨学金が消滅しませんが、ここで消滅する奨学金は延滞金のみではなく、元金と利息も含みます。また、この場合、10年前か

136

ら現在までに発生した元金、利息、延滞金は全額支払う必要があります
が、一括ではなく上限である20年間240回の分割払いの約束が可能で
ある場合があります。この約束が一般的に可能であるかはわかりません
が、少なくとも筆者は裁判でこの約束をすることができました。

　以上のとおり、消滅時効と返還期限猶予のうち、どちらを使うべきか
については、延滞している年数と金額、利用した場合に返済額がそれぞ
れいくら残るか、猶予を利用した場合に延滞金を一括で返済できるか、
などの個別の事情を考えて選択する必要があります。現時点では、どち
らか一方しか利用できませんので、この点は慎重に判断しましょう。

Ⅲ 奨学金裁判の実例

前述のとおり、奨学金を延滞していると、最終的には、日本学生
支援機構から支払督促を申し立てられ、それに異議を出せば通常
の訴訟に移行します。しかし、通常の訴訟のほとんどは、弁護士
に依頼せずに本人が日本学生支援機構と和解をしているケースで
す。延滞金は一切減らないまま、総額を分割払いするという約束
を裁判所で行って終了します。

もっとも、日本学生支援機構が裁判を起こした後、訴えられた奨
学生側に弁護士がついて争ったケースもいくつかあります。こう
したケースをすべて把握しているわけではありませんが、そのう
ちのいくつかの事例を紹介します。

第2部　もしも返せなくなってしまったら

> ### ケース1　返還期限猶予の活用で延滞金全額が なくなったヒロシさん

自分で交渉するもうまくいかず、弁護士に依頼することに

　ヒロシさんは奨学金を借りて大学と大学院を卒業しましたが、その後、病気で仕事ができなくなり、奨学金の返済が不可能になりました。収入がなくなったので生活保護を利用しています。ヒロシさんは返還期限猶予などの救済制度を知らなかったため、猶予手続なども採らずに約10年間延滞状態になっていました。

　そうしたところ、日本学生支援機構から奨学金を返済するよう督促の手紙が来るようになったため、ヒロシさんは日本学生支援機構に電話して事情を説明し、現在生活保護を利用しているので返済する余裕はまったくないと伝えました。ところが、日本学生支援機構側は、「生活保護受給中を理由とする返還期限猶予も、延滞があると利用できない規定です」と回答しました。また、生活保護を利用した場合、借金の返済はしないようにと行政から指導されることが通例ですが、日本学生支援機構側はヒロシさんに対し、「奨学金は借金ではないので返済してください。生活保護利用中の方でも返済している方はいます」と、返済するよう求めました。

　しかし、当然ながらヒロシさんに返済できる余裕などなく、結局、日本学生支援機構はヒロシさんに対して支払督促を申し立てました。それに対してヒロシさんが異議を申し立てたため、通常の裁判に移行しました。困ったヒロシさんは弁護士に依頼し、弁護士がヒロシさんの代理人として訴訟手続を行いました。

過去10年の猶予が認められ、延滞金は消滅、裁判は取り下げに

　生活保護利用中を理由とする返還期限猶予は、経済困難を理由とする

138

第5章 延滞による裁判について知っておこう

場合などと異なり、生活保護利用状態が続いている限り、何年でも利用できますので、もしヒロシさんが延滞した過去10年分の返還期限猶予ができれば、延滞金がすべてなくなり、今後も生活保護を利用している限り猶予が受けられるはずです。そこで、まず、住民税の非課税証明書を取るために市役所へ行きました。しかし、市役所では、非課税証明書は過去5年分しか出せないとのことでした。この場合、過去5年分だけ猶予を利用しようとすると、10年前から6年前までの5年間の延滞金全額を日本学生支援機構に支払わなければなりませんが、当然、ヒロシさんにそのような蓄えはありません。ですので、何とか過去10年分の非課税証明書を発行してもらえないかと市役所に掛け合った結果、特別に過去10年分の非課税証明書の発行を受けることができました。

この証明書を日本学生支援機構に提出したところ、過去10年分の返還期限猶予が認められ、ヒロシさんの10年分の延滞金はすべてなくなりました。また、延滞状態が解消したことによって、今後も生活保護利用中を理由とした返還期限猶予が利用できるようになりました。その結果、日本学生支援機構はヒロシさんに対する裁判を取り下げました。

このように、日本学生支援機構から裁判を起こされた後であっても、延滞期間中の証明書の発行を受けられれば返還期限猶予の利用によって延滞金がなくなり、裁判も取り下げで終了することがありえます。ですので、裁判になってしまった場合でも、まずは過去の延滞期間中に返還期限猶予の理由があるか、理由があればその証明書を取得できるかをよく検討することが重要と言えます。

139

返還期限猶予制度の周知不足も原因

このケースでは、ヒロシさんは返還期限猶予の制度を知らなかったため延滞状態になりました。日本学生支援機構が公表している「平成27年度　奨学金の返還者に関する属性調査結果」（日本学生支援機構のウェブサイトから閲覧が可能です）によれば、延滞者のうち、延滞による督促を受けてから猶予制度を知ったという方が46.7％、猶予制度を知らないという方が32.6％もおり、実に延滞者のうち8割近くの方が延滞による督促を受ける前に猶予制度を知らないということになります。

従って、猶予制度が利用できる状態にもかかわらず利用せずに延滞状態になったというケースは、本人の不注意というだけでなく、奨学金を借りるときや大学卒業時に、日本学生支援機構が猶予制度等の救済制度を奨学生に十分に周知できていないことにも大きな要因があると言えます。

現在、収入や貯蓄が一定以下の方でも弁護士に依頼ができるような「法テラス」という国の制度があります。ヒロシさんはこの制度を利用して弁護士に依頼しました。法テラスについては、第6章で説明していますのでそちらをご参照ください。

ケース2　支払督促費用を負担せずに済んだカズさん

カズさんもヒロシさんと同様、過去数年間にわたり奨学金の返済を延滞してしまい、日本学生支援機構から裁判を起こされました。日本学生支援機構が支払督促を裁判所に申し立てる場合、奨学生に対して請求するお金は、①奨学金の元金、②延滞金、③第二種奨学金の場合は利息で

第 5 章　延滞による裁判について知っておこう

すが、これらに加えて、④その支払督促手続に要した費用があります。

　この支払督促費用とは、裁判所に納める収入印紙代や郵便切手の代金などがこれに当たります。収入印紙代は、請求する金額に比例して上がっていきます。例えば、請求額が100万円であれば印紙代は5000円、300万円であれば1万円となっています。

　カズさんもヒロシさんと同様に過去の延滞期間中の証明書が取得できたため、返還期限猶予の申請をしたところ、日本学生支援機構側は、カズさんが支払督促費用（約2万円）を払えば裁判を取り下げるという話をしてきました。そこで、カズさんの代理人の弁護士が、支払督促費用の支払いは返還期限猶予のための条件になっているのか否かを尋ねたところ、日本学生支援機構側は条件ではないと明確に回答しました。そのため、結局、カズさんは支払督促費用を支払わずに日本学生支援機構が裁判を取り下げ、過去の延滞期間について猶予が認められ、延滞金がなくなりました。

　このケースにより、支払督促費用の支払いは返還期限猶予のための条件ではないことがわかりましたので、今後の裁判で返還期限猶予が認められて日本学生支援機構が訴訟の取り下げをする場合、奨学生側は支払督促費用を負担する必要はないことになります。

第2部　もしも返せなくなってしまったら

> **ケース3** 50万円以上返済しても元金が1円も減っていなかったヒデさん

毎月5000円の支払いはすべて延滞金に充当されていた

　4年制大学に通っていたヒデさんは、大学3年生と4年生の2年間、日本学生支援機構（当時は日本育英会）から合計約74万円の奨学金を借りました。ヒデさんは大学卒業後、企業に就職しましたが、思っていたような収入は得られず、奨学金を返済できない状態が続きました。

　その後、ヒデさんは転職をして収入が上がったため、奨学金を返済しようと思って日本学生支援機構に連絡しました。すると、日本学生支援機構の担当者は、「元金について月5000円ずつ返済してくれれば延滞金は発生しない」とヒデさんに話しました。そこで、ヒデさんは、ほぼ毎月5000円ずつ、約10年にわたって返済を続けました。ヒデさんの返済額は50万円以上となっていたため、完済が近づいていると思ったヒデさんは日本学生支援機構に連絡しました。

　すると、日本学生支援機構から驚くべき回答が返ってきました。

　なんと、これまでヒデさんが支払っていた50万円以上はすべて延滞金に充当されたので約74万円の元金は1円も減っていないということでした。この回答に驚いたヒデさんが事情を聞くと、ヒデさんが毎月5000円ずつ返済を始めた時点でヒデさんは延滞状態になっていたので、5000円を払ってもそれは延滞金に充当されるとのことでした。日本学生支援機構では、**延滞した場合の返済は、「延滞金→利息→元金」の順に充当される**という仕組みです。そのため、これまで支払った50万円以上はすべて延滞金に充当されていました。しかも延滞金はまだ約89万円残っているので、「元金約74万円＋延滞金約89万円＝約163万円」を一括で早急に支払って欲しいとのことでした。

　月5000円ずつ支払えば完済できると思っていたヒデさんにとって、

142

このことは衝撃的で、これ以上支払う気持ちもなくなり、しばらく支払わずにいたところ、裁判所から支払督促申立書が届きました。

日本育英会との約束があったことを証明するという高いハードル

　ヒデさんには弁護士がつき、月5000円ずつの返済は元金に充当されるとの合意が日本学生支援機構との間であったと主張しましたが、当然ですがヒデさん側にこれを裏付ける証拠はありません。結局、その合意を証明することはできず、日本学生支援機構が主張する元金と延滞金の全額について分割で支払うことで和解し、裁判は終了しました。

　このケースでは、月5000円ずつの返済は元金に充当されるとの合意がヒデさんと日本学生支援機構との間にあったという主張をヒデさん側が証明できなかったため、延滞金も含めて全額支払うことになりました。しかし、ヒデさんの日本学生支援機構への返済履歴には、ある時点からほぼ毎月5000円ずつ支払った記録がありました。ヒデさんと日本学生支援機構との間で何らかの取り決めがなければ、急にある時点から同じ金額を払い続けるということは常識的に考えがたいと思いますので、ヒデさんの主張する合意は存在したのではないかと思われますが、その合意の書面はなく、録音もなかったので証明ができなかったのです。

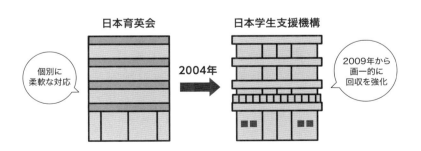

第2部　もしも返せなくなってしまったら

日本学生支援機構も奨学生側の言い分を調査すべき

　次に見るショウさんのケースも似ているのですが、筆者個人としては、日本育英会時代（2004年以前）は、担当者が返済者の事情に応じた対応をしてきたのではないかと考えています。ところが、2009年以降、日本学生支援機構内で回収強化の方針が固まり、規則や業務マニュアル等による画一的な回収が始まった結果、日本学生支援機構の返還相談担当者には裁量がなくなりました。そのため、客観的に証明可能なものを除いては、日本育英会時代に返済者と担当者が交わした合意もなかったことにされてしまったのではないでしょうか。

　しかし、本来、日本学生支援機構は学生を支援する立場にあるはずです。「日本育英会時代の合意が本当にあるなら証明してみせなさい」という姿勢ではなく、「合意があるかどうか一緒に確認してみましょう」という姿勢で自らも内部調査をし、極力、奨学生に不利益が及ばないように配慮する必要があるのではないでしょうか。

ケース4　延滞金減免約束を裁判所が認めたショウさん

高校分の延滞金免除から一転、大学分については免除が認められず

　ショウさんは日本育英会時代に高校で約50万円、大学で約120万円の奨学金を借り、大学卒業後から返済を始めましたが、母親の病気で治療費が必要になったことなどにより、延滞するようになりました。

　そこで、ショウさんは日本育英会に事情を説明し、相談したところ、担当者から元金を全額支払うことを条件として延滞金の全額免除を認めると言われました。

第5章　延滞による裁判について知っておこう

　ショウさんは、担当者とのこの約束に従って、真面目に返済を続け、高校分の元金全額を支払いました。そして、日本学生支援機構から指示されて「延滞金減免願」を提出し、高校分については、約束通り延滞金が全額免除されました。

　ところが、ショウさんが高校分と同様に大学分の元金全額の支払いを終え、日本学生支援機構からの指示で「延滞金減免願」を提出したところ、なぜか今度は延滞金の免除が認められませんでした。しかも、これまでショウさんが返済したお金は、すべて延滞金に充てられていたため、元金約120万円全額がそのまま残っているうえに、延滞金も約110万円支払うことになっていました。

裁判所は日本学生支援機構の請求を認めず

　その後、日本学生支援機構は、ショウさんに対して裁判を起こしたため、ショウさんは弁護士に依頼し、「日本育英会当時の担当者から元金を返済すれば延滞金は免除するとの約束があった、実際に高校分については延滞金が免除されている」と主張しました。

　これに対し、日本学生支援機構側は、「ここで言う〈約束〉とは、〈延滞金減免の審査を行うという約束〉である。延滞金減免は部長等の専権だから、担当者が約束をするはずはない」と主張しました。

　第一審の東京簡易裁判所は、延滞金減免が制度上、部長等の専決事項とされていることや、準公的な基金を運用する日本学生支援機構（日本育英会）が杜撰な運用をしていたとは考えにくい、として日本学生支援機構側の主張を支持して、ショウさんに延滞金も含めた全額の支払を命じました。

　ショウさん側はこの判決を不服として控訴しました。控訴審の東京地方裁判所は、上記の延滞金減免の約束そのものは成立していないとしたものの、ショウさんを誤解させて元金相当額を払わせたにもかかわらず、

145

延滞金を請求するのは「信義に反する」として、日本学生支援機構側の請求を棄却し、ショウさんは延滞金について支払う必要がないことが決まりました。

おそらく、日本育英会時代には各担当者にある程度の裁量が与えられていて、返済困難な人に対しては延滞金を減免する約束も柔軟に行えたのですが、近年になってそのような運用がなくなってしまったのではないでしょうか。

ケース5　自分に借りた覚えがなかったナオさん

これまで見てきたケースは、奨学金を借りたのだけれども、日本学生支援機構の返還猶予が適切に認められなかったり、返済約束が反故にされてしまったりといったものでしたが、そもそも自分が奨学金を借りた覚えがまったくないというのがこのケースです。

突然の一括返還請求と書いた覚えのない借用証書

ナオさんはある日突然トラブルに巻き込まれることになりました。仕事が終わり、家に帰って郵便ポストを見ると、日本学生支援機構からの手紙

第5章　延滞による裁判について知っておこう

がありました。自分宛に来た手紙であるのは間違いなかったので、封を開けて手紙を読むと、日本学生支援機構の理事長と顧問弁護士の名前で「奨学金返還延滞額の一括返還請求について（支払督促予告）」というタイトルで約80万円を一括で1か月以内に返済せよという内容でした。

　ナオさんは専門学校を卒業していますが、その際に奨学金を借りたことはなかったので、これは何かの間違い、あるいは詐欺ではないだろうかと考えました。しかし、しばらく考えて、もしかしたら親が自分に内緒で奨学金を借りていたのではないか、もし借りていたとしたらこの督促状は本物で、裁判を起こされてしまうかもしれないと思うに至り、ひとまず連絡先となっていた日本学生支援機構の法務課に電話をかけてみました。

　すると、電話に出た担当者は、「こちらにはナオさんが署名・押印した奨学金借用証書がありますので、奨学金を借りているはずです。ですから返済してください」と言いました。そのような書類を書いた覚えのないナオさんは、「では、確認したいのでその借用証書のコピーを送ってもらえませんか」と頼んだところ、断られてしまいました。どうしたらよいかわからなくなったナオさんは、仕方なく弁護士の元に相談へ行き、日本学生支援機構への対応を依頼することにしました。

　改めて弁護士が借用証書のコピーを送るように求めると、日本学生支援機構はその書類を送ってきました。そこには、ナオさんとは異なる筆跡でナオさんの住所と氏名が記載されており、ナオさんの印鑑とは異なる印鑑が押されていました。そこで、ナオさんは弁護士を通じて、この借用証書は自分が書いたものではないので、自分は奨学金を借りておらず、返済する義務はないことを伝えましたが、日本学生支援機構側は、「奨学金の制度上、本人の関与なしに奨学金を借りることはありえません」と言い張り、ナオさんに対して支払督促を申し立てました。これに対してナオさん側は異議申立書を提出し、通常の裁判に移行しました。

147

裁判には勝ったけれど

　裁判では、ナオさん側は奨学金を借りていないことを証明するためにさまざまな資料を提出し、ナオさん本人も裁判所で尋問を受けたりしたため、判決まで1年半以上かかりました。結果的に、ナオさんが奨学金を借りたとは言えないということで、ナオさんは日本学生支援機構に1円も支払う必要がないという、完全勝訴の判決が下されました。第一審の判決に対しては、敗訴した側が控訴してさらに争うことも法律上可能ですが、日本学生支援機構側は控訴を断念し、この第一審判決をもって日本学生支援機構側の敗訴が確定しました。

　これにより、ナオさんは借りていない奨学金を支払わずに済んだわけです。

　借りていないのだからナオさんが勝訴するのは当たり前だろうと思われる方もいるかもしれませんが、一度裁判を起こされてしまうと、借りていないことを証明するのは容易なことではなく、実際に、このナオさんのケースも1年半以上争ってようやくこの結果が得られたのです。

　しかし、ナオさんが借りていないお金を支払わずに済んだからそれで良かったという問題ではありません。というのも、ナオさんは弁護士に依頼していますから、弁護士費用がかかっています。日本の裁判制度では、本人訴訟といって、弁護士に依頼せずに自分で裁判を行うことも可

第 5 章　延滞による裁判について知っておこう

能なため、弁護士に依頼するかどうかは本人の自由となっています。ですので、弁護士費用は裁判に勝訴したとしても、原則としては相手方に支払わせることはできないのです。ですから、このケースでもナオさんが勝訴したからといって、ナオさんが支払う弁護士費用を日本学生支援機構から支払ってもらうことはできません。

　そして、ナオさんは裁判をするために多大な時間と労力を費やしました。弁護士に依頼した場合、打合せのために依頼者が弁護士事務所に出向くというのはよくあることです。このケースでは、1年半以上にわたって裁判を行っていますから、ナオさんは何回も弁護士事務所に行き、弁護士と打合せをして裁判を行っています。その時間も労力も決して小さいものではないのです。

　そう考えると、日本学生支援機構としては、裁判を起こす前、つまり支払督促を申し立てる前にナオさん本人から事情を聞くなどして、実態の把握に努めていれば、このようなことは起こらなかったのではないかと思われます。

ケース6　借りた覚えがなく、過去に破産手続をしたマナブさん

　マナブさんもケース5のナオさんと同様に、奨学金を借りた覚えがありませんでした。ただ、ナオさんは日本学生支援機構（当時は日本育英会）の借用書を書いていなかったのに対し、マナブさんは実際に書いたけれども覚えていないという点に違いがあります。

本人訴訟で勝訴したのに控訴審では裁判官から驚きの尋問が

　マナブさんは、ある日、日本学生支援機構から、高校時代に借りた奨学金約20万円と延滞金約10万円を返済するように請求され、裁判を起

149

第2部　もしも返せなくなってしまったら

こされました。しかし、マナブさんには、高校時代に奨学金を借りた覚えはまったくありませんでした。なお、マナブさんは過去に自己破産をしています。

　裁判の第一審では、マナブさんは本人訴訟で自分の裁判を行っていました。日本学生支援機構側はマナブさんが奨学金を借りたことを証明する借用証書の提出を怠ったため、借入を立証できていないとして、日本学生支援機構の敗訴判決が下され、マナブさんが勝訴しました。

　しかし、日本学生支援機構はこれを不服として控訴し、控訴審で借用証書を提出してきました。そして、この借用証書の署名はたしかにマナブさんの筆跡でした。

　この時、マナブさんはまだ弁護士に依頼していませんでしたが、裁判所はマナブさんに対する尋問を実施しました。

　しかし、これはたいへん問題の多い尋問でした。例えば、マナブさんが奨学金を借りた覚えがないと言っているのに、裁判官は、「親から説明されるのが一般的である」という前提で質問をしました。いくらそれを否定しても、「説明されていた可能性もあるわけだよね」と言われたり、マナブさんが納得していない延滞金部分についても、「払わないことによる一種のペナルティ、そういう制度自体は理解できますか？」と質問し、マナブさんに「はい」と答えさせるといった、マナブさんの証言を意図的に覆させるような尋問が裁判官から行われました。こういった尋問が行われた背景としては、マナブさんにいくらか支払わせて和解させようという裁判官の意図があったのかもしれません。

　しかし、裁判所でこのような尋問を受けたマナブさんは裁判の行方に不安を抱き、弁護士に依頼することにしました。

裁判の2つの争点

　日本学生支援機構が提出した借用証書には、たしかにマナブさんの筆

150

第5章　延滞による裁判について知っておこう

跡による署名がありました。しかし、この書類を記載したのはマナブさんが中学生の頃の話で、自分では一切覚えておらず、親に言われるままに記載したと考えられます。つまり、借りていたのはマナブさんの親であったということがわかってきました。とはいえ、マナブさん自身には奨学金を借りた覚えがないため、この点が裁判の争点になりました。これを争点①とします。

　この裁判ではもう1つの争点がありました。それは、マナブさんは過去に自己破産をしていたということです。自己破産手続きについては次の章で詳しく説明しますが、破産をすれば税金などを除けば奨学金も含めてその人の負債は一切なくなります。破産手続をとる際は、誰に対する負債がいくらあるのかを記載した「債権者一覧表」を裁判所に提出する必要があり、これを故意に記載しなかった場合はその人（業者や機関）に対する負債はなくならないことになっています。

　この事例では、マナブさんは破産手続をとる際、この一覧表に日本学生支援機構の奨学金を記載せずに手続を終えてしまったため、日本学生支援機構はマナブさんの破産を知ることなく、マナブさんに対して裁判を起こしてきたわけです。しかし、マナブさんはそもそも日本学生支援機構の奨学金を借りていたことをまったく知らなかったのですから、一覧表に記載しなかったことも仕方ないと言えます。この点がこの裁判の

第2部　もしも返せなくなってしまったら

もう1つの争点になりました。これを争点②とします。

裁判所は日本学生支援機構の電子データの信用性を否定

　日本学生支援機構は、一覧表に記載がない以上、マナブさんが破産したとしても奨学金債権はなくなってはいないはずだと主張しました。そして、「奨学金業務システム　個人メモ」という電子データのコピーを証拠として提出し、そこにはマナブさんの破産以前の日付で「本人：入金約束」、「本人により電話」といった記録があるので、マナブさんは日本学生支援機構奨学金を借りていることを知っていたはずだと主張しました。

　これに対しマナブさん側は、そもそも奨学金を借りた覚えすらないのだから、一覧表に日本学生支援機構を記載しなかったとしても、それは故意ではないし、過失もまったくないと主張しました。また、証拠として提出された「個人メモ」という電子データには、データ作成者の署名も押印もなく、日本学生支援機構はいつでも書き足しや書き換えが可能であり、信用できる証拠ではないと主張しました。

　控訴審は、マナブさんの自筆の借用書が存在し、その記載内容を覆すような特段の事情もなく、マナブさんが日本学生支援機構から奨学金を借りたことは事実であるとして、争点①については日本学生支援機構の主張を支持しました。

　他方、争点②の破産の一覧表については、日本学生支援機構が証拠として提出した「個人メモ」の信用性を否定し、マナブさんが破産手続を行った際に、日本学生支援機構を一覧表に記載しなかったことについては故意がないと判断しました。

　結局、マナブさんが破産している以上、日本学生支援機構にも支払う必要がないという内容のマナブさん勝訴の判決が下り、日本学生支援機構は敗訴しました。

第5章　延滞による裁判について知っておこう

署名したからといって本人を責めることは酷

　借用書に署名したことを覚えていないというと、自分が借金を負う重要な書類なのに自覚が足りないとか、無責任だという批判もあるかもしれません。しかし、マナブさんは借用書に署名をした当時は中学生です。その書類の意味を理解していなかったとしても仕方ないですし、親に「ちょっとここに名前を書いて」と言われれば、気楽に氏名を記載することはありうることだと思います。

　ですので、このマナブさんのケースもナオさんと同様に、本人を責めることなどできませんし、日本学生支援機構は裁判を起こす前にマナブさんの話をもっと丁寧に聞いて、実態の把握に努めるべきだったのではないでしょうか。

第2部　もしも返せなくなってしまったら

第5章 まとめ

● 9か月延滞を続けると裁判所から「支払督促申立書」が届きます。

● 支払督促を放置しておくと、最終的に給料が差し押さえられることもありますので、そうならないように「異議申立書」を裁判所に提出しましょう。

● 繰り上げ一括返還請求がはじまると多くの延滞金が発生します。

● 20年240回の分割払いができるかどうかが和解する際の1つの目安です。

● 機関保証から人的保証へは変更ができず、人的保証から機関保証に変更する場合は、保証料を一括で支払う必要があります。

● 返済期限から10年を経過した分については、消滅時効を主張することができます。

● 日本学生支援機構から裁判を起こされた場合、弁護士に依頼せずに、本人が和解をしているケースがほとんどです。

● そもそも奨学金を借りたおぼえがなかったり、かつて日本学生支援機構（日本育英会）と交わした約束に反して奨学金の返済を請求されているような場合は、弁護士に依頼して裁判を行うこともありえます。

> コラム

私は日本学生支援機構と
こう交渉した

●返したくても返せない！

　日本学生支援機構の奨学金は成績と親の収入以外には審査が不要なローンです。いわゆる「出世払い」で若者に大金を貸してくれるので、高等教育を受けたい者にとってはありがたい存在です。しかし、返済時のシステムが硬直的なため、返したくても返せない者が多数いることをご存じでしょうか。私もその1人として、自身の体験をお話しします。

　私は現在、大学非常勤講師をしていますが、非正規雇用であり、フリーターといっても差し支えありません。つい最近まで、大学のカリキュラム次第で職を失う不安定な身分と低収入に苦しんできました。

　研究者を目指す場合、大学を卒業した後、少なくとも修士課程2年と博士課程3年の合計5年間は学業が続くため、ただでさえ定職を得るのは学部卒の人に比べて遅くなります。私は海外の大学で博士論文を準備していたため、奨学金返済の開始はさらに遅れてしまいました。

　博士号を取得して帰国してからも、職探しは難航しました。大学教員の求人は公募されることがほとんどなく、友人・知人という狭い人間関係で決まります。長年海外にいた私にはそうした情報もなかなか廻ってきません。40歳を過ぎても年収は200万円前後で、国民健康保険は払えても国民年金は滞納せざるをえない生活でした。奨学金の返済も5年の猶予期間を申請したものの、その後も仕事は増えず、ついに延滞へと突入してしまいました。

●返済可能な金額の提案は却下

　日本学生支援機構の奨学金は一般の金融機関より低利ですが、問題は利率ではなく回収の仕方なのです。日本学生支援機構の現状の制度では、こ

155

ちらの返せる金額での返済は認めてもらえません。例えば、月に2万円返済しなければならない場合は、きっちり2万円ずつ返すか、もしくは返済期間を2倍に伸ばした上で、半額の1万円ずつを返す、という返済方法しか選択の余地はありません。

その1万円さえ払えない私は日本学生支援機構に電話して相談しました。「いくらだったら払えますか？」と訊かれたので、正直に、毎月5000円の返済が限界であることを伝えました。しかし、それではダメだというのです。本来、毎月2万円返さなければならないところを5000円ずつ返したとしても、差額の1万5000円が滞納とみなされ、年5％（2014年3月までは10％）の延滞金が課されてしまいます。しかも、毎月5000円ずつ返済したとしても、そのお金は元金の返済には当てられず、まず延滞金に充当されてしまうため、借金は減るどころか増えていく仕組みになっているのです。そして延滞金が溜まると日本学生支援機構から裁判を起こされ、一括返還請求されます。

「いくらだったら払えますか？」という問いは形だけのもので、実際にはこちらの事情など考慮してもらえません。こうした個別の返済方法について日本学生支援機構は一切相談に乗ってくれません。私はこれが最大の問題点だと思っています。

だれしも収入の範囲内でしか返済できません。貸金業者でさえ、返済の条件については交渉の余地があります。自分で交渉するのが難しければ、弁護士、司法書士などの法律家が間に入って交渉することもよくあります。しかし、日本学生支援機構は専門家を介しての相談にも応じてくれません。職員と押し問答を重ねるうちに、私の中でなにかがプツリと切れました。

絶望と腹立ちで半ば自棄になった私は、「元金から充当されるのなら5000円ずつ返済可能だが、そうでないなら毎月300円がせいぜいだ」と返答しました。そして、「裁判を起こされるのは嫌なので、そうなる前に300円ずつ返済を開始します。裁判を起こす前には連絡してください」と申し出ました。その時、職員はたしかに「わかりました」と返答したのです。にもかかわらず、ある日突然、日本学生支援機構から「一括返還請求の裁判を起こす」との手紙が届きました。

●裁判を回避して返済開始へ

　私は慌てて日本学生支援機構に連絡し、毎月 500 円ずつ返済すると申し出て裁判を回避しました。当時は本当に生活が苦しかったので、たとえ 500 円というわずかな金額であっても「返している」という事実を作ったのです。9 か月間返還がないと日本学生支援機構は自動的に裁判を起こすのですが、私はそのことも知らされていませんでした。日本学生支援機構の規約では、「支払能力があるにもかかわらず割賦金の返還を著しく怠ったと認められるとき」に一括返還請求ができるとなっていますが、実際には支払能力の調査などほとんどしていません。職員は督促の手紙を出していたと主張し、私が電話で「毎月 5000 円ずつなら返せる」と伝えたという記録が支払い能力の根拠となっているというのです。私がそれまでに源泉徴収票の写しなど、収入に関する書類を何回も送っていることは一切考慮してもらえませんでした。

　日本学生支援機構のこのような対応は、前身の日本育英会時代にはなかったものです。日本育英会では、現場で相談にのる職員の「運用」という形で、柔軟な返済方法を実行していました。たとえ毎月、規定額に届かない 5000 円ずつを返済していても、書類上では延滞金がつくものの、元金を払い終えた時点で延滞金は免除してくれていたのです。

　もちろん、私が行った少額での返済方法では根本的な問題は解決しません。メリットは、とりあえず返済する意思を示すことで 9 か月後の一括返還請求の裁判を延期できることですが、どちらにせよ延滞金がかさめば日本学生支援機構は裁判を起こしてきますから、時間稼ぎにしかなりません。私の場合、幸いなことに突然仕事が増えて貧困状態から脱することができましたので、延滞状況を解消し、返済を開始することができました。しかし、多くの似た立場の方たちにとっては、制度の改正を期待するしかないというのが現状です。

　幸い、生活困窮者に対しては、これまで 5 年間だった返還猶予期間が 2014 年からは 10 年間認められるようになりました。また、延滞を解消するまでは猶予制度が使えなかった点についても、役所で納税証明書を発

行してもらえれば、過去に遡って猶予が適用される仕組みになっています。私の場合、2014 年より前に収入が増えたので、それまでの延滞金を払って返済を開始しましたが、もう少し時期が遅ければ延滞金は免除になっていたことになります。

●お互いが幸せになれる柔軟な対応を

　問題は、あと 2 年後には、この新しい猶予制度の 10 年も使い切ってしまう人が出てくるということです。10 年以上低収入に喘いでいる人が、突然収入が増えるということはなかなかありません。結局は、猶予期間をさらに 15 年に延長するしかありません。

　その制度改正が 2019 年にすんなりいけばいいですが、もしそうでない場合は、私がやったように、毎月 300 円でも返し続け、制度改正をじっと待つしかないのです。

　気をつけていただきたいこととして、役所は通常 5 年以上遡っては書類を発行してくれないことが多いので、毎年の納税証明書を忘れずに取得しておきましょう。それでも、もし猶予期間が伸びなければ、もう自己破産しか手はなくなってきます。

　そもそも延滞する人というのは貧困に苦しんでいる社会的弱者です。そういった人たちに、延滞金という厳しいペナルティを課す現在の返済制度には問題があります。規定どおりに返すか、延滞金を払うかしか選択肢がないせいで、収入に応じて返済したいという希望がかなえられることなく、自己破産に追い込まれてしまいます。自己破産してしまえば、日本学生支援機構も得られるべき返還金を失うことになり、結局はどちらも不幸です。返済できる金額を見定めて返済を促すような柔軟な対応に改めないと、問題は深刻化するばかりです。日本学生支援機構が、奨学生個々の実情に合わせて、合理的で柔軟な対応に努めていただける日が来ることを願っています。

（黒木朋興）

第6章 どうしても返済できなくなったら

前章では、奨学金が返済できなくなると裁判所から支払督促申立書が送られてくること、そしてそれにどう対応すればよいかについて説明しました。
分割返済が可能であれば、裁判所に行って月々返済できる金額を決めれば和解が成立します。
しかし、どうしても返済ができない方もいらっしゃるでしょう。
本章では、そのようなケースを考えていきます。

今回も前章と同様、大学時代に
毎月5万4000円×4年間（48か月）＝259万2000円
の貸与を受け、15年間かけて
259万2000円÷15年（180か月）＝1万4400円
を毎月返済していくケースで考えてみます。
例えば、一度も返済できずに1年間延滞してしまうと、延滞金は
259万2000円×5％＝12万9600円
となります。これと元金を合わせた272万1600円を20年間（240回）で返済するとすれば、

第2部　もしも返せなくなってしまったら

　　　272万1600円÷240回＝１万1340円
を毎月返済できれば日本学生支援機構と和解ができる可能性があります。なお、「20年間・240回の分割払い」が分割期間・回数の上限だと私たちが推測していることについては第5章で説明したとおりです。
　しかし、病気や失業中で賃金をほとんど得られなかったり、就業していても賃金が低かったり、家族の介護などの事情で多くの出費がかかったりなどにより、月１万1340円を支払えないこともありえます。このような場合、返還期限猶予や減額返還など、第4章で説明した日本学生支援機構の救済制度を利用でき、かつ、一定期間後に返済の目途が立つようであればそれでもよいでしょう。しかし、すでに延滞してしまっている場合には日本学生支援機構の救済制度が利用できない場合がありますし、利用できたとしても将来返済できる見通しが立たないような場合もあります。
　このとき、法律的に有効な解決策の１つが「破産」という手続きです。また、「民事再生」という手続きもありますので検討してみてください。

I　破産手続き

❶「破産」は生活再建のための法的手段

　「破産」と聞くと、皆さんはどのようなイメージを持つでしょうか。破産手続きをすると本来返済すべき借金や債務を返済しなくてよくなるケースが多いことから、「借金を踏み倒す」といったイメージを抱いている方も少なくないでしょう。しかし、破産は、「破産法」という法律に定められた手続きで、返済できなくなった方の財産の清算だけでなく、生活再建をも目的とした制度です。破産法の第1条には「債務者の財

160

第6章　どうしても返済できなくなったら

産等の適切かつ公平な清算を図るとともに、債務者について経済生活の再生の機会の確保を図ることを目的とする」と書かれています。つまり、返済できる余力がない方が生活を再建するために破産することが法律で認められているのです。

❷ 破産すれば奨学金の債務も消滅する

　埼玉奨学金問題ネットワークに相談に来られる方に対しても、破産手続をすすめるケースがあります。その際、「破産すれば奨学金も返さなくてよくなるのですか？」という質問を受けることがあります。

　その答えは、「はい」です。奨学金の債務も免責手続までを含む破産手続が完了すれば消滅します。

ｱ「自己破産」とは

　日本学生支援機構の奨学金が返済できずに破産する場合について説明します。

　破産手続上、日本学生支援機構を「債権者」、返済できない奨学生を「債務者」と呼びます。個人の破産の場合、債務者が自ら裁判所に破産を申し立てるケースが多数を占めますが、債権者から申立てるケースもありえます。債務者自ら申し立てる場合を、債権者からの申立てと対比する意味で「自己破産」と呼んでいます。ちなみに、埼玉奨学金問題ネットワークが把握している限りでは、日本学生支援機構の方から破産手続きの申立てをしたというケースはまだありません。

ｲ どのような場合に破産ができるのか

　奨学金返済の相談に来られる方からよく受ける質問として、「借入れをしているのは日本学生支援機構のみで、ほかに消費者金融からの借入れはないし、クレジットカード利用料の延滞もないのですが、それでも破産はできますか？」、あるいは、「消費者金融からの借入れもありますが、奨学金の借入額もそれほど多くなく、全部の債務を併せても100万

161

第2部　もしも返せなくなってしまったら

円ちょっとなのですが、このくらいの債務額で破産できるのでしょうか?」といったものがあります。

つまり、「どのような場合に破産ができるのか?」ということですが、債務者が「支払不能」の状態にあれば破産できます。必ずしも複数の負債がなければ破産できないとか、借金○円以上でなければ破産できないということはありません。

「支払不能」とは、「債務者が支払能力を欠くために、その債務のうち弁済期にあるものにつき、一般的かつ継続的に弁済することができない状態」と破産法で定義されています。そして、債務者が支払不能の状態にあるかどうかは、裁判所が債務者の財産、信用、職業、収入などを総合的に考慮して判断します。

例えば、自分の給料のみでは返済が困難な場合であっても、自分が保有している不動産を売却したり、自分が加入している生命保険を解約したりすれば債務を弁済できるのであれば、支払不能の状態にはあたりません。あるいは、突然の出費により一時的に手元に返済できる金銭がないけれども、少し時間がたてば貸していたお金が返ってきて返済できるとか、ボーナスが入ってきて返済できるといった場合も支払不能には当たらないでしょう。逆に、これらの事情がなく、自分の収入その他の財産を集めても返済できない場合は支払不能に当たる可能性が高いと言えます。

❸ 破産のメリット

破産のメリットは、何といっても一部を除いて負債がなくなることです。日本学生支援機構の奨学金も破産手続きをとれば消滅します。この手続きによって、将来への不安をなくし、生活の立て直しを図ることが可能になります。

また、もう1つのメリットとして、本人への取立てが止まるという

162

第6章　どうしても返済できなくなったら

ことが挙げられます。後で述べるように、破産手続きをとるに当たっては、専門家である弁護士や司法書士に依頼することが多いです。弁護士などが日本学生支援機構やその他の金融機関に本人から債務整理の依頼を受けた旨の通知（受任通知）を送ると、本人には督促が来なくなります。その後は破産手続終了まで、ずっと弁護士が本人に代わって交渉を行います。

これは正確に言えば、破産そのもののメリットではありませんが、しつこい督促から解放されることの心理的な効果は大きいと思います。

④ 破産のデメリット

他方、破産のデメリットとしては、①自分の財産を手放さなければならない可能性があること、②個人信用情報機関（いわゆるブラックリスト）に破産をしたという事故情報が記録されること、③官報に氏名が掲載されること、④破産手続中に職業や居住等の制限があることです。以下、順に説明します。

① 財産を手放さなければならない可能性

さきほど、破産法の第1条を紹介しましたが、その中に「債務者の財産等の適切かつ公平な清算を図る」という目的がありました。破産手続の目的の1つは、債権者のために財産を清算することにありますので、原則として、不動産や自動車といった高額な資産は売却し、生命保険、株、投資信託、預貯金といった金融資産も解約等の手続きをとることが必要になります。

しかし、破産手続時にすべての財産を手放すとすれば、債務者の経済的再起はかえって難しくなりますので、破産する場合であっても、一定限度で債務者に財産の保有が認められます。これを「自由財産」といいます。

法律上、破産する場合でも保有が認められる財産で代表的なものは次

163

のとおりです。

- ・99万円以下の現金
- ・生活に欠くことができない衣服、寝具、家具、台所用具、畳、建具
- ・破産手続開始決定後に取得した財産
- ・年金など差押えが禁止されている債権

また、上記以外にも、裁判所の運用により、資産価値が20万円以下であれば、預貯金、生命保険の解約返戻金、自動車なども保有が認められることがあります。

② 個人信用情報機関（ブラックリスト）への登録

個人信用情報機関とは、個人を特定するための情報（氏名、生年月日、住所、電話番号など）、契約内容についての情報、延滞など金融事故に関する情報を収集、登録し、加盟機関に情報提供を行う機関です。経済産業省が指定した機関は、全国銀行個人信用情報センター（略称「KSC」、銀行系）、株式会社シー・アイ・シー（略称「CIC」、クレジット系）、株式会社日本信用情報機構（略称「JICC」、消費者金融系）の3つがあります。

例えば、クレジットカードの利用料をすでに延滞している方は、その情報がCICに登録されますので、支払のときにクレジットカードを利用しようとしても、事故情報が登録されているために利用ができませんし、新たに別のクレジットカードを作ろうとしても作れない可能性があります。

日本学生支援機構は、平成21年に全国銀行個人信用情報センター（KSC）に加盟し、長期延滞者を対象として、延滞者の情報をKSCに登録することにしました。そのため、もし日本学生支援機構奨学金を数か月延滞した場合、その情報がKSCに登録されてしまい、その後に銀行でお金を借りようとしても借りられない可能性があるのです。

では、どのくらいの期間、その情報が個人信用情報機関に残るのでしょうか。公表されていないため正確な年数はわかりませんが、破産の

第6章　どうしても返済できなくなったら

場合は、5年から10年程度と言われています。ですので、一度破産手続をとると、5年から10年の間は、お金が借りられない、ローンが組めない、クレジットカードが使えないといったことが起こりえます。これは破産だけでなく、後で説明する民事再生手続の場合も同様です。

③ 官報への掲載

　裁判所から破産手続開始決定が出ると、官報に破産した人の事件番号、住所、氏名、その他の事項が掲載されます。

　「官報」とは、法令、規則、国会の議事日程、公務員の主要な人事異動、叙勲、皇室事項、選挙結果などが記載されているもので、政府が毎日発行している新聞のようなものです。その中に裁判所に関する掲載事項があり、その1つが破産者の情報なのです。

　「事件番号」というのは、破産申立をしたときに裁判所が事件ごと（破産者一人ひとり）に付ける番号です。例えば「平成29年（フ）第○号」といった番号が付されます。「その他の事項」というのは、破産手続が終了した年月日時や「破産者について破産手続を開始する」という文章（法律用語では「主文」）のような形式的な事柄です。なお、後で説明する民事再生手続をとった場合でも官報に掲載されます。

　ですから、官報を見れば、誰が破産手続や民事再生手続をとったかはわかるのですが、実際には官報を隅々まで見ている方はあまりいないでしょうから、自分が破産したことを他人に知られる心配はほとんどありません。

　ちなみに、現在ではインターネットで官報を閲覧することもできます。ただし、直近30日分は誰でも無料で閲覧できますが、それ以前のものになると有料会員登録をした者しか閲覧できません。しかも、記事の内容で検索する場合にはさらに料金がかかるようになっています。ですから、一般的なインターネット検索で探すことはできませんので安心していただいて大丈夫です。

第2部　もしも返せなくなってしまったら

④ 破産手続中の職業や居住等の制限

　裁判所に破産を申し立て、開始決定がなされると、法律上「破産者」
となります。その場合、以下のように、一定の仕事（職業）に就けない
こと（資格取得者等の資格制限）や移動が制限される等の制約を受けるこ
とになります。もっとも、この制約は、破産手続がすべて終わって免責
許可決定が出ればなくなります。これを「復権」といいます。手続きを
行っている期間のみの一時的な制限と考えてください。

・破産手続中は就けない仕事（資格取得者等の資格制限）

　警備員、生命保険募集員、旅行業者・旅行業務取扱主任者、宅地建物
取扱主任者、土地家屋調査士、行政書士など

　なお、会社の取締役の方が破産した場合、会社との委任契約の終了に
より、取締役からは一度外れるのですが、再度同じ会社の取締役に就任
することを禁止した規定はありません。再度、株主総会等で取締役に選
任されれば取締役としての仕事は続けていくことができます。

・民法上の資格制限

　破産手続中は民法の規定により以下のものにはなれません。

　　　後見人、後見監督人、保佐人、補助人、遺言執行者、代理人

・破産手続中の居住の制限

　破産法では、破産者は「裁判所の許可を得なければ、その居住地を離
れることができない」と規定されています。ですので、法律上は居住地
の制限があり、引っ越しや長期の旅行は制限されるのですが、これは破
産手続期間中に限ったことで、手続が終了すればどこに引っ越しても、
旅行に行っても構いません。また、手続中であっても、相応の理由があ
り、裁判所が許可をすれば居住地を離れることもできないわけではあり
ません。

・破産者名簿に掲載される可能性

　「破産者名簿」とは、破産者の本籍地の市区町村で管理され、破産し

166

第6章　どうしても返済できなくなったら

た事実が記載される名簿です。上記のように、破産手続中ですと就けない仕事がありますので、そのような仕事に就くときに職場から「身分証明書」を提出するように求められることがあります。ここでいう「身分証明書」とは、免許証などではなく、市区町村が発行する「破産の通知は受けていない」ということが記載された証明書です。

　もっとも、裁判所から破産者の本籍地の市区町村に通知をするケースはかなり限定されているため、通知がなされないケースも多いと思われます。また、破産者名簿は官報と異なり非公開ですので、他人が勝手に見ることはできません。

　なお、破産者名簿に破産した事実が記載されたとしても、破産手続が終了し免責許可決定が出ればこの情報は抹消されますので、手続期間中の一時的なものと言えます。

⑤ 破産に関するよくある質問

　破産に関しては、世間では未だマイナスのイメージも少なくなく、時に誤った情報が世間（例えばインターネット上）に広まっていることも見受けられます。ここでは、Q&A方式で、よくある誤解について説明します。

Q　破産するとそのことが戸籍や住民票に載るのですか？
A　載りません。

Q　破産すると選挙権・被選挙権がなくなるのですか？
A　なくなりません。

Q　破産すると海外へ行けなくなるのですか？
A　上記のように、破産手続中は裁判所の許可が必要になるという制限

167

第 2 部　もしも返せなくなってしまったら

がありますが、手続きが終了すればそのようなことはありません。

Q 破産すると会社を辞めなければならないのですか？

A まず、官報を細かくチェックしている会社でもない限り、自分で破産した事実を告げなければ会社が社員の破産した事実を知ることはないでしょう。また、仮に会社が社員の破産を知っても、法律上、客観的かつ合理的な理由がなければ社員を解雇することはできませんので、破産したこと自体が解雇理由に当たることはありません。

Q 破産すると家族へも不利益があるのですか？

A 破産に限らず民事再生や債務整理全般はその個人の問題ですので、家族や親戚が代わりに返済をする義務はありませんし、子どもの将来の進学、就職、結婚に不利益を及ぼすこともありません。ただし、日本学生支援機構の奨学金で人的保証を選んだ場合は、連帯保証人と保証人に請求がいきます。詳しくは170頁の **7** を参照してください。

Q 過去に一度破産をしているのですが、二度目の破産はできますか？

A 破産手続が終了してから、つまり免責許可決定を受けてから原則として 7 年以内は再度の免責が認められないことになっています。逆に言えば、過去に破産をした方であっても、手続終了時から 7 年を経過していれば、他に免責が不許可になる事情（例えばギャンブルによる浪費など）がなければ再度破産できることになります。また、一度目の破産から 7 年以内であっても、裁判所が破産に至った経緯その他一切の事情を考慮して免責が相当と認めるときは再度破産できる可能性があります。

168

第6章 どうしても返済できなくなったら

❻ 破産が認められない場合と破産してもなくならない負債

　破産は、個人の手続きについて言えば、「破産手続の決定→免責許可の決定」で成立します。単に破産が認められただけではまだ債務は残り、裁判所から免責許可の決定が出て初めて債務がなくなるのです。

　破産の条件には「支払不能」、つまり、自分の給料その他の財産では支払いができない状態にあることが必要です。ですので、本当は自分の給料や貯金で十分に返済が可能な場合や、土地や家あるいは高価な自動車などを有しており、それを売却すれば十分返済可能な場合は破産することができません。当然ですが「ズルはできません」ということです。

ア 免責を受けられない事情

　破産が認められても、債務がなくなる「免責」を受けられなければ破産手続きをとる意味がありません。免責は基本的には受けられるものなのですが、次のような事情がある場合には免責を受けられない可能性があります。

　①ギャンブルなどで著しく財産を減らした場合

　②破産を免れるためにクレジットカードで商品を購入して著しく安く売った場合

　③破産手続きにおいて裁判所に虚偽の説明をしたり、不正を行ったりした場合

などで、これらを「免責不許可事由」といいます。

　ただし、このような事情があっても、裁判所は、債務者の破産に至った経緯その他一切の事情を考慮して免責を認める場合もあります。

イ 免責を受けてもなくならない債務

　免責を受けられたとしても、なくならない債務というものも存在します。

　①税金

　②婚姻費用

169

第2部　もしも返せなくなってしまったら

　③養育費

　④悪意で行った不法行為に基づく損害賠償債務

　⑤罰金　など

　これらは「非免責債権」といい、破産手続きをとり、免責許可の決定を受けたとしても支払い義務が残ります。例えば、奨学金の返済困難を理由に破産し、免責を受けた方であっても、税金の滞納があるとか、養育費の未払いがある場合、その分はなくなりませんので、支払わなければいけません。

7 奨学金の保証人に請求がいく場合

　日本学生支援機構の奨学金が返済できずに破産する場合、注意しなければいけないことがあります。それは、「保証」の問題です。日本育英会時代の奨学金であれば人的保証が必要でしたし、日本学生支援機構になってからは人的保証か機関保証を選択して申し込むことになっています。

ア 人的保証の場合

　日本育英会もしくは日本学生支援機構の奨学金で人的保証を選択した場合、連帯保証人1名と保証人1名、計2名の保証人を付けることになっています。原則として、「連帯保証人」は父または母、「保証人」は本人や連帯保証人と別生計で4親等以内の人のうち、おじ・おば・兄弟姉妹のいずれか1名と定められています。

　「保証人」というのは民法に定められている制度で、債務者本人が返済できない場合に返済の義務が生じます。人的保証で奨学金を借りた方が破産すると、本人は払わなくてよくなりますが、本来、本人になされるべき奨学金返済の請求が連帯保証人や保証人へなされることになります。

イ 保証人と連帯保証人の違い

　では、連帯保証人と保証人の違いとはなんでしょうか。

第6章　どうしても返済できなくなったら

　例えば、大学時代に300万円の奨学金を借りた方が破産する場合、「連帯保証人」は300万円全額について支払義務を負います。利息と延滞金が発生していればそれについても支払わないといけません。一方、「保証人」は、保証人全員の数で分割した支払い義務を負えばよいことになっています。日本学生支援機構の奨学金を借りた場合、保証人は連帯保証人と保証人の2人ですので、この場合、保証人は150万円の支払義務を負うことになります。つまり、連帯保証人は本人と同様に全額の支払義務を負いますが、保証人は半額でよいのです。

　保証人が日本学生支援機構から請求を受けた場合は、まず本人に請求したかどうかを確認する必要があります。本人に連絡がつかないなどの理由で保証人に請求してきたのであれば、本人に直接請求するように求めることができます。もし、日本学生支援機構が本人に請求した後に請求してきた場合であっても、本人に返済する資力があり、かつ、本人からの回収が容易であることを証明できれば、日本学生支援機構はまず本人から回収しなければなりません。

　保証人には民法上このような権利が認められていますが、連帯保証人には認められていません。ですので、連帯保証人に対しては、本人に請求する前に請求されることもありえます。

ウ　機関保証の場合

　機関保証を選択した場合であれば、家族とは全く無関係に借金（奨学金）の整理をすることができます。

　機関保証は、公益財団法人日本国際教育支援協会という団体に奨学金が支払えない際の保証をしてもらうことになります。機関保証を選択して奨学金を借りた場合、破産する奨学生に代わって、日本国際教育支援協会が日本学生支援機構に奨学生が支払えなかった奨学金全額を代わりに支払います。その後、奨学生は、日本国際教育支援協会からその全額を請求されることになります（この請求を法律上「求償」といいます）。し

171

第 2 部　もしも返せなくなってしまったら

かし、破産手続をとる場合は、この請求権は消滅しますので、結果的に
奨学生は返済する必要がなくなります。

　この一連の手続において、奨学生の家族や親戚が請求を受けることは
ありませんので、機関保証を選択した場合であれば、家族や親戚に迷惑
をかけることなく破産手続をとることができます。

Ⅱ　民事再生手続き

　裁判所を利用する負債の整理の手続としては、自己破産手続のほかに
民事再生手続があります。特に個人がこれを利用する場合は「個人再生
手続」と呼ばれます。

❶ 破産と民事再生の違い

　破産の場合は負債がゼロになるのに対し、個人再生は、負債を一定の
金額に減額した上で原則 3 年の間で返済していく制度です。返済期間
は例外的に 5 年を超えない範囲で延長も可能で、その場合、最長 5 年
間60回の分割払いになります。

　民事再生も破産と同様に、負債が奨学金のみの場合であっても、奨学
金以外に負債がある場合であっても利用できます。

　例えば、奨学金を含めて負債が300万円ある場合、この負債を100万
円に減額した上で、 3 年間36回払いで月に約 2 万8000円ずつ返済し
ていくというのが民事再生です。

❷ 民事再生のメリット

　民事再生は返済がゼロにはなりませんので、負債がすべてなくなる破
産手続をとった方が得ではないかと思われるかもしれませんが、個人再

172

生には以下のメリットがあります。

①持ち家を手放さなくて済む

民事再生の最大のメリットは「自宅を手放さずに済む」という点にあります。自己破産の場合は、自らの財産を処分することが前提となっていますから、通常、自宅があれば手放さざるをえませんが、個人再生の場合は、住宅資金貸付債権の特則（住宅ローン特則）を用いれば、住宅ローンはそのまま支払いを続け、その他の債務を減額して支払っていくことで、自宅を手放すことなく債務を整理することが可能となります。

②一定の仕事に就けないという問題が起こらない

破産の場合、破産手続中は、警備員、生命保険募集員、旅行業者・旅行業務取扱主任者などの一定の仕事には就けません。しかし、民事再生の場合はこのような制限がありませんので、破産手続では制限される仕事に就いている方にとっては有益です。

③ギャンブルなどでの借金がある場合でも利用可能

破産の場合、ギャンブルなどで著しく財産を減らした方などは免責が認められず、負債がなくならないことがありえます。しかし、民事再生では借入れの原因は手続きに影響しませんので、このような場合であっても利用可能です。

③ 民事再生のデメリット

デメリットとしては、破産と同様に、①個人信用情報機関（いわゆるブラックリスト）へ登録されること、②官報へ掲載されること、が挙げられます。

個人信用情報機関に登録された場合は、破産の場合と同様、5年から10年程度は登録が継続すると言われています。ですので、その期間、お金が借りられない、ローンが組めない、クレジットカードが使えないといったことが起こりえます。

また、破産と同様、官報に住所、氏名、その他の事項が掲載されます。

173

第2部　もしも返せなくなってしまったら

④ いくら返済すればよいのか

　では、個人再生手続を利用する場合、いくら返済すればよいのでしょうか。それは、財産がいくらあるのか、また、負債総額がいくらかという事情によって変わってきます。

　まず負債総額を計算します。日本学生支援機構から借りた奨学金の未返済額、金融機関からの借金、友人・知人からの借金、滞納している家賃・携帯電話料金などがあれば負債総額に入れてください。自宅を手放さないで住宅ローン特則を利用する場合には、住宅ローンの負債はこの中には入りません。

　次に、総財産額を計算します。預貯金や保険を解約した場合の価格、自動車の資産価値などをすべて合計します。

　負債総額を基準とした返済額は下記①〜⑥のとおりです。
ただし、総財産額が返済額より多い場合は、総財産額と同額を返済しなければいけません。

　例えば、負債総額1000万円であれば、下の④に当てはまりますので、負債総額を基準とした返済額は200万円です。しかし、もし預貯金などの財産の合計額が250万円分ある場合は、250万円を原則3年間で返済していくことになります。

負債総額を基準とした返済額

①**負債総額が5000万円を超える場合**

　→この場合、個人再生は利用できません。

②**負債総額が3000万円を超え、5000万円以下の場合**

　→負債総額の10％以上を返済する必要があります。

　　例えば、負債総額が4000万円の場合は400万円以上を原則3年間

第6章　どうしても返済できなくなったら

36回分割で支払う必要があります。

③**負債総額が1500万円を超え、3000万円以下の場合**

→この場合、返済額は300万円以上でなければなりません。最低300万円を原則3年間36回で支払いますので、月8万4000円以上の支払いになります。

注）大学と大学院などで奨学金を多めに借りている方の場合、ほかの負債と併せてこの程度の負債総額になる可能性もあります。

④**負債総額が500万円を超え、1500万円以下の場合**

→この場合、返済額は負債総額の20％以上でなければなりません。負債総額が1000万円の場合は200万円以上を原則3年間36回分割で支払いますので、月5万6000円程度の支払いになります。

注）日本学生支援機構の奨学金が返済できない場合、このくらいの負債総額になることは十分ありえます。第2種奨学金を月12万円借りて4年間大学に通った場合は、元金のみで576万円になりますので、この負債額に当てはまります。また、高校・大学と借りている方、大学・大学院と借りている方、大学時代に第一種と第二種を併用で借りている方もこの程度の負債総額になることも多いでしょう。500万円の20％は100万円ですから、100万円を36回払いで返済するならば、月2万8000円程度の返済額になります。

⑤**負債総額が100万円以上、500万円以下の場合**

→この場合、返済額は100万円以上でなければなりません。最長の60回払いで返済するならば、月1万7000円程度の返済額になります。

⑥**負債総額が100万円未満の場合**

→この場合、返済額は負債総額以上でなければなりません。例えば、奨学金や他の負債を併せて80万円だとして、原則の36回で返済していくとすれば、月2万3000円程度の返済が必要となります。

175

第 2 部　もしも返せなくなってしまったら

5　民事再生でも連帯保証人には全額が請求される

　本人が民事再生手続をとる場合も、自己破産の場合と同様に、連帯保証人や保証人には請求がなされます。個人再生の場合、上記のとおり、本来の負債額が大幅に減額されて返還をしていくことになりますが、連帯保証人には未払い分の全額が、保証人にはその 2 分の 1 の金額が請求されることになります。この点については、自己破産と変わりません。

6　民事再生がすすめられない理由

　筆者は、奨学金の返済ができずに自己破産を選択した方の代理人として破産申立を行ったことはありますが、民事再生の申立てはこれまでしたことがありません。それは次の理由によります。

　まず、民事再生手続は、負債を減額するとはいえ、返済しなければならない制度ですので、本人にある程度の収入がなければこの手続きが利用できません。奨学金の返済が困難になっている方は、何らかの理由により働けず、収入がほとんどない場合や、収入があっても生活費を捻出するのがやっとという状態の方が多く、とても負債の返済に回せるお金がないのが現状です。従って、民事再生手続を選択できない状態にある方が多いのです。

　次に、日本学生支援機構奨学金は10〜20年と返済期間が非常に長いのに対し、民事再生では原則 3 年間（長くても 5 年以下）で返済していかなければなりません。例えば、大学 4 年間（48か月）に月10万円の奨学金を借りると合計は480万円です。これを卒業後20年間240回で返済していくとすると、利息抜きで考えた場合、480万円÷240回＝月 2 万円の返済額となります。

　この返済に行き詰まった方が、民事再生で返済しようとすると、480万円が100万円に減額にはなりますが、原則 3 年間で返済しますから、

176

第6章　どうしても返済できなくなったら

100万円÷36か月＝月約2万8000円を返済することになり、月々の負担はむしろ民事再生の方が増えてしまいます。月2万8000円を返済できる方であれば、当初の月2万円も返済できるはずなので、民事再生手続をとろうという話にはならないのが現状です。

⑦ 民事再生を選択すべきケース

では、日本学生支援機構奨学金の返済が困難になって負債の整理を考えた場合に、民事再生を選択した方がよいのはどのようなときでしょうか。それは以下の事項の1つまたは複数に当てはまる方です。

①今後安定的な収入が見込める

さきほど説明したとおり、民事再生は、原則3年の間に返済していく手続きですので、その期間は一定額を返済できる見込みがなければなりません。

②持ち家があり手放したくない

これも前述のとおり、破産の場合は基本的に家の処分が必要となりますが、個人再生で住宅ローン特則を利用すれば、自宅を保持したまま住宅ローン以外の負債を返済していくことが可能になります。

③日本学生支援機構奨学金以外の負債もある

さきほど、民事再生を利用したときの方が通常どおり奨学金を返済する場合よりも月々の返済額が高くなるという例を紹介しましたが、奨学金以外の負債による月々の返済もある場合はまた事情が異なってきます。

これを踏まえて、480万円の奨学金を卒業後20年間240回で返済していく例で考えます。月2万円の返済額になりますが、さらに、金融業者A社から合計50万円（月3万円の支払い）、B社から合計50万円（月3万円の支払い）の負債があったとします。この場合、月々の返済額は奨学金の2万円、A社への3万円、B社への3万円で合計8万円です。負債の合計額は580万円（奨学金480万円＋A社50万円＋B社50万円）で

177

す。民事再生手続をとると、580万円の20％の116万円を3年間36回で返済しますので、116万円÷36回＝約3万3000円を月々返済していけばよいことになります。このような場合は、民事再生手続の方が負債の総額も月々の返済額も減少しますので、より返済しやすくなると言えます（図表6-1）。

このように、上記①〜③の1つまたは複数に当てはまる方は、破産ではなく民事再生を検討してもよいでしょう。

図表6-1　民事再生の返還のイメージ

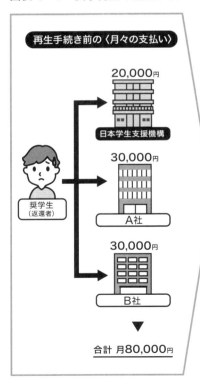
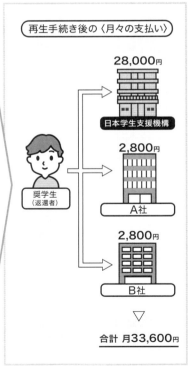

第6章　どうしても返済できなくなったら

Ⅲ　どこに相談すればよいのか

　ここまで、破産と民事再生について説明してきましたが、多くの方にとってなじみのない手続であり、1人では不安もあると思います。そこで、いつどこに相談するのがよいのかについて整理しておきます。

❶ まだ延滞していない方

　日本学生支援機構の救済制度である返還期限猶予制度と減額返還制度は、延滞が発生してしまうと過去の証明書類が取得できなかったり、過去の延滞金を全額支払う必要があったりと、利用が困難になるケースがあります。

　他方、延滞する前であれば、猶予にあてはまる事情があれば比較的スムーズに猶予が認められているというのが筆者の感覚です。

　ですので、まだ延滞していない方は、直接、日本学生支援機構に相談してください。相談先は、日本学生支援機構ウェブサイトの 奨学金 → 返還中の手続き → 返還に関するお問い合わせ からご覧ください。

【日本学生支援機構相談先】

　奨学金返還相談センター
　電話 **0570-666-301**（ナビダイヤル）

　　注）上記連絡先は、2017年11月末時点のものです。

179

第2部　もしも返せなくなってしまったら

❷ すでに自己破産や民事再生の手続きをとることを決めている方

　すでに数年間延滞してしまい、元金と延滞金を併せて数百万円を一括で請求されている方、延滞はしていないけれど、何らかの理由により収入がわずかしかなく、その状況が今後も続くことが予想される方、あるいは、収入は一定程度あるものの、借りた奨学金が多く、もともとの返済額が月3万円を超えるような方など、猶予や減額返還の制度を利用してもその後の返済が困難という方もいるでしょう。

　そのような方で、すでに自己破産や民事再生の手続きをとることを決めた方は、法律の専門家である弁護士または司法書士に相談するとよいでしょう（弁護士と司法書士の違いについては189頁のコラム参照）。

　裁判手続は、基本的に本人が自ら行うか、弁護士に依頼して代理人として行ってもらうかのいずれかですが、破産や民事再生の申立てについては、裁判所はなるべく弁護士を代理人とした申立てを推奨しているようです。ですので、いきなり裁判所に行って破産したいと伝えても、「まず弁護士に相談してください」と言われるかもしれません。そのときには弁護士会や法テラスをすすめられると思います。

❸ 法テラスに相談する

　法テラスは、正式名称を日本司法支援センターといい、経済的余裕のない方に、無料法律相談や弁護士費用の立て替えを行っています。法テラスを利用できるのは「経済的余裕のない方」ですので、申込者本人と配偶者の収入と現金・預貯金が次の基準を満たしていることが必要です。

第6章　どうしても返済できなくなったら

ア 利用できる要件

①収入要件

　申込者と配偶者の手取り月収額（賞与を含む）が下表の基準を満たしていること。

人数	手取月収額の基準 注1	家賃又は住宅ローンを 負担している場合に加算 できる限度額 注2
1人	18万2000円以下 （20万200円以下）	4万1000円以下 （5万3000円以下）
2人	25万1000円以下 （27万6100円以下）	5万3000円以下 （6万8000円以下）
3人	27万2000円以下 （29万9200円以下）	6万6000円以下 （8万5000円以下）
4人	29万9000円以下 （32万8900円以下）	7万1000円以下 （9万2000円以下）

注1）東京、大阪など生活保護一級地の場合、（）内の基準を適用します。以下、同居家族が1名増加する毎に基準額に3万円（3万3000円）を加算します。
注2）申込者等が、家賃又は住宅ローンを負担している場合、基準表の額を限度に、負担額を基準に加算できます。居住地が東京都特別区の場合、（）内の基準を適用します。

出所）法テラスウェブサイトより

　例えば、東京都23区内に1人で暮らしており、手取りの月収が25万円（ボーナスなし）、家賃月7万円の方の場合、上記表の「1人」のかっこ内の金額が基準となりますので、月収20万200円に家賃の上限5万3000円を合計した25万3200円以下が基準となります。ですので、月収25万円であれば、この条件を満たすことになります。

181

第2部　もしも返せなくなってしまったら

②資産要件

　申込者と配偶者の保有する現金と預貯金の合計額が下表の基準を満たしていること。

人数	現金・預貯金合計額の基準
1人	180万円以下
2人	250万円以下
3人	270万円以下
4人以上	300万円以下

注）3か月以内に医療費、教育費などの出費がある場合は相当額が控除されます。

出所）法テラスウェブサイトより

　法テラスは、全国各地に事務所がありますので、自分が条件を満たすかどうか不明な場合は、お近くの法テラスにお問い合わせください。各事務所の連絡先は法テラスのウェブサイトに掲載されています。また、法テラスの専門オペレーターが問い合わせ内容に応じて、法制度や相談機関・団体等を紹介してくれる「法テラス・サポートダイヤル」もありますので、そちらを利用されてもよいでしょう。

　法テラスの利用基準を満たしている場合でも、通常は、すぐに弁護士に依頼ということにはならず、まずは法テラスの事務所で法律相談を行った上で、依頼をするかどうかを決めます。法律相談を行ったからといって必ず弁護士に依頼しなければならないということではありませんし、必ず弁護士が依頼を受けるということでもありませんので、その点はご了承ください。

　また、心身に一定以上の障害のある方や65歳以上の高齢者の方などを対象として、弁護士がご自宅に伺う出張相談の制度もあります。

第6章　どうしても返済できなくなったら

【法テラス・サポートダイヤル】

電話番号　**0570-078374**（PHS 可）

（IP 電話からは **03-6745-5600**）

受付　平日 9:00 〜 21:00、土曜日 9:00 〜 17:00

料金
・利用料　　0 円
・通話料　　固定電話からは、全国一律 3 分 8.5 円（税別）
　　　　　　携帯電話からは、20 秒 10 円程度（税別）
　　　　　　公衆電話からは、全国一律 1 分 10 円
・03-6745-5600 にかけた場合
　IP 電話からは、3 分約 8.4 円（税別）

注）上記情報は、2017 年 11 月末時点のものです。

イ 法テラスを利用した場合の弁護士費用

　法テラスを利用した場合、法律相談は無料ですが、その後、弁護士に自己破産または民事再生手続きを依頼した場合、弁護士費用はいくらかかるかという点がみなさんの気になるところだと思います。

　これは、法テラス内で細かな基準が定められており、債権者数（負債を負っている相手方〔業者〕の数）が何社（何人）か、裁判所から破産管財人や個人再生委員といった者が選任されるか、夫婦双方の申立てか、事案の性質上特に処理が困難といえるか、といった点から金額が変わってきます。

　債権者数が日本学生支援機構も含めて10社以下で、他に特別の事情がなく、破産管財人や個人再生委員が選任されない場合には、トータルでかかる費用（実費＋着手金）は、以下のとおりです。

　　自己破産　15万2600円（実費 2 万3000円＋着手金12万9600円）

　　民事再生　19万7000円（実費 3 万5000円＋着手金16万2000円）

　実費とは、収入印紙代、通信費、交通費、コピー代など弁護士が実際

第2部　もしも返せなくなってしまったら

の事務処理に要する費用のことです。着手金とは、事件開始時に支払う弁護士の手数料です。これ以外の弁護士費用として、事件の成功の程度に応じて発生する報酬金というものも事件によってはありますが、法テラスを利用した場合の自己破産や民事再生の場合には報酬金は不要です。

ウ 法テラスへの返済方法

　法テラスを利用する場合、弁護士を通じて法テラスに利用の申込みをし、法テラスがこれを認めると利用開始となります。利用が始まると、上記の弁護士費用が法テラスから弁護士に支払われ、利用者はその費用を毎月分割で法テラスに返済していくことになります。月々の返済額は利用者が希望できますが、5000円または1万円であることが多いようです。

　例えば、自己破産の弁護士費用が15万2600円で、月5000円の返済とすると、31か月間で返済していくことになります。返済方法は、銀行口座からの自動引落しですので、自分の銀行口座を法テラスに申告する必要があります。

　なお、生活保護利用中の方は、この月々の返済が猶予される場合があり、事件終了時も生活保護利用中であれば、返済が免除される場合もあります。

❹ 各都道府県の弁護士会に相談する

ア 弁護士会への相談

　法テラスは収入や預貯金の金額が基準を超えてしまうと利用できません。その場合は、弁護士会に相談されるとよいでしょう。弁護士会は都道府県ごとにあり、相談方法や相談料については弁護士会ごとに異なってきます。

　例えば、筆者が所属する埼玉弁護士会では、借金に関する相談は3回まで無料で受けられます。「多重債務無料電話相談」という無料の電

第6章　どうしても返済できなくなったら

話相談も実施しています。弁護士会によってはこうした相談を「債務整理相談」や「クレサラ相談」（クレサラはクレジット・サラ金の略）などと呼んでいることもあります。

　詳しくはお住まいの都道府県の弁護士会ウェブサイトをご覧いただくか、直接お問い合わせください。

イ 法テラスを利用しない場合の弁護士費用

　法テラスを利用せずに弁護士に依頼する場合、法テラスのような一律の弁護士費用の基準はありませんので、個々の法律事務所が定める基準によって金額が決まってきます。また、返済方法も弁護士との個別の契約によって決まってきますので、弁護士費用の分割払いが認められるか、認められるとして最低月いくら支払うことが必要かなどは、依頼する弁護士と話し合って決めていただく必要があります。

　弁護士費用の基準は事務所ごとに違いますが、自己破産の場合、着手金・報酬金・実費の合計で20～40万円程度が相場とお考えください。

　ただし、破産管財人が選任されれば別途20万円程度の費用がかかります。民事再生の場合は破産よりも若干費用が高いことが多いと思います。

❺ 奨学金問題対策全国会議に相談する

　日本学生支援機構に電話したけれど、返還期限猶予や減額返還制度を利用できないと言われたり、数年延滞した結果、多くの延滞金が発生してしまってどうにか減額してほしいといった場合には、奨学金制度に詳しい法律家に相談する必要があります。

　このようなときには「奨学金問題対策全国会議」への相談をおすすめします。奨学金問題対策全国会議は、主として弁護士や司法書士が中心となって奨学金の改善に取り組んでいる全国組織で、2013年3月に設立されました。所属している弁護士・司法書士は日頃から奨学金返済に関する相談を受けたり、奨学金に関する情報交換を行っています。

185

第 2 部　もしも返せなくなってしまったら

　また、奨学金問題対策全国会議に所属している弁護士・司法書士が各地で奨学金運動に取り組む団体を設立しています。これらの団体の連絡先一覧を巻末に掲載していますので、奨学金返済にお困りの方は、自分のお住まいの近くの団体に電話してみるのもよいでしょう。近くに団体がない場合は、奨学金問題対策全国会議まで連絡してください。ただ、これらの団体は、弁護士・司法書士が常駐しているわけではないので、すぐに電話相談に応じられない場合もありますのでご了承ください。

　例えば、埼玉奨学金問題ネットワークでは、埼玉県在住の方を対象に、平日 9 時〜17時に無料電話相談を行っていますが、電話受付をしてから 3 日以内に法律家から折り返しの連絡を差し上げるという仕組みになっています。

⑥ 1 人で悩まず、早めの相談を！

　奨学金の返済に困ったときの相談先をいくつか紹介しましたが、やはり延滞してからでは本来利用できたはずの制度も利用しづらくなってしまうことがありますので、少しでも早めに相談されることをおすすめします。

　奨学金の返済が困難になった方に対して、「借りたものは返すべきだ」という意見をよく聞きます。日本学生支援機構のポスターにも、「奨学金は貸与であり必ず返還しなければなりません。『借りたものを返す』のは、社会の基本ルール。約束どおり必ず返還し、奨学生としての責任をきちんと果たしてください」と記載されています。

　第 1 部で検証したように、日本の奨学金は貸与であること自体がおかしいという議論はひとまず措くとして、現行の貸与制度の下では、返済できる資力のある方はきちんと返済しなくてはなりません。しかし、日本学生支援機構の調査でもわかるように、延滞者の 8 割以上が年収300万円以下の方ですから、返済できる余裕がありながらあえて返済し

186

第6章　どうしても返済できなくなったら

ていないということではなく、単純に低収入のために返済できていないことがわかります。

また、筆者が実際に返済困難となった方の相談を受けてきた中では、「奨学金を借りたけれど返済したくありません」と話す方は1人もいません。むしろ、「奨学金のおかげで大学に行けたので何とか返済したいのですが、収入が少なく返済できません」、「当然元金は返済しなくてはならないと思っていますが、延滞金の方はなんとかならないでしょうか」と、可能であれば元金については返済したいと話している方がほとんどです。つまり、奨学金を借りて返済できない人の多くが、「本当は返したいけど、返す余裕がない」という方々なのです。このような人たちに対して、「借りたものは返すべき」と言ったところで何の問題の解決にもなりません。

お金の問題はなかなか相談しづらいことだとは思いますが、**手遅れとならないうちにぜひ早めに相談してください。**

人生ではときにお金の問題が発生することもあります。それは決して恥かしいことではありません。

延滞した後では、本来利用できた制度が使えないこともあります。手遅れになる前に、少しでも早くご相談ください。

第 2 部　もしも返せなくなってしまったら

第 6 章　まとめ

- 20 年 240 回の分割払いも難しいときは、破産手続をとることも検討しましょう。

- 破産手続をとれば奨学金だけでなくその他の債務もなくなります。ただし、税金や養育費などの支払義務は破産をしても残ります。

- 破産のデメリットとして、
  ①自分の財産を手放さなければならない可能性があること
  ②個人信用情報機関（いわゆるブラックリスト）に破産をしたという事故情報が記録されること
  ③官報に氏名が掲載されること
  ④破産手続中に職業や居住等の制限があること
  があります。

- 人的保証の場合、本人が破産をしても、連帯保証人や保証人が請求を受けることになります。

- 機関保証の場合であれば、家族や親戚に迷惑をかけることなく破産手続ができます。

- 法的な債務整理の方法として、債務を減額したうえで原則 3 年以内に返済する民事再生という方法もあります。

- 民事再生手続を検討してもよいのは、
  ①今後安定的な収入が見込める
  ②持ち家があり手放したくない
  ③日本学生支援機構奨学金以外の負債もある
  といった事情がある場合でしょう。

- 収入や財産が一定以下の場合、弁護士費用の立て替えを行ってくれる「法テラス」という国の機関があります。

コラム

弁護士と司法書士のちがい

● 140万円を超えるかどうかが1つの目安

本書では、「奨学金の返済に困ったら法律の専門家である弁護士または司法書士に相談しましょう」という表現がたびたび登場しますが、では、弁護士と司法書士はどこが異なるのでしょうか。

訴訟に伴う法的手続きには、裁判所での訴訟行為だけでなく事前の和解等の交渉も含みます。法的手続きは当事者本人で行うか代理人に委任することになります。

法的手続きでは、弁護士、司法書士は、当事者本人が行う場合の書面の作成を代行する（支援）することもできますし、代理人になることもできます。

弁護士に依頼する場合は、本人に代わって訴訟行為をすること（訴訟代理人）を依頼することがほとんどですので、書面作成等による支援行為はほとんどないと言ってもいいでしょう。

司法書士が代理人として依頼を受けられるのは、争いとなっている金額が140万円以下で、簡易裁判所における訴訟行為に限られます。他方、争いとなっている金額が140万円を超えたり、裁判が簡易裁判所でなく地方裁判所で行われる場合には、司法書士は代理人にはなれません。

このような場合、司法書士ができることは、裁判所に提出する書類の作成等による支援行為になります。つまり、裁判書類の作成のみを司法書士に依頼し、実際の裁判は本人で行うことになります。

一方、弁護士はこのような争いとなる金額やどの裁判所で行われるかといったことは関係なく、常に裁判での代理人になれます。この点が司法書士との大きな違いになります。

●代理人が必要かどうかが重要ポイント

日本学生支援機構から支払督促を起こされた場合を考えてみると、まずは簡易裁判所からその申立書が届きますが、これに対して異議申立書を提

189

出すれば、返済を請求されている奨学金の金額が 140 万円以下かそれを超えるかによって簡易裁判所と地方裁判所に分かれます。簡易裁判所での裁判であれば、弁護士と司法書士のいずれに依頼しても本人の代理人として裁判ができます。

　他方、請求されている奨学金の金額が 140 万円を超える場合は、地方裁判所での裁判となりますので、弁護士であれば代理人になれますが、司法書士の場合は代理人にはなれず、裁判書類の作成による支援が受けられるのみとなります。

　代理人の仕事には書類作成も含まれているので、一般的に、書類作成のみよりは代理人としての仕事の方が労力がかかります。ですので、書類作成のみよりは代理人として依頼する方が費用も高くなるのが一般的です。

　また、裁判とはいえ自分に関することなので、なるべく裁判手続も自分自身で行いたいと考える方は本人訴訟を選択することもできます。その場合、裁判書類の作成の仕方はよくわからないという方も少なくないでしょう。そのようなときは、弁護士でなく、司法書士に書類作成のみの依頼をすることも考えられます。

　弁護士と司法書士では上記のような違いがあります。どこに相談されるか決める際の参考にしてください。　　　　　　　　　　　　　　（安野憲起）

埼玉奨学金問題ネットワークの取組み

◆身近な相談窓口として

　非正規雇用の拡大などの不安定な雇用、低賃金、いわゆる「ブラック企業」にみられる劣悪な労働条件が原因の離職などにより奨学金の返済が困難になることは、最近では珍しいことではありません。

　こうした現状の中で、2013年に「奨学金問題対策全国会議」が設立されました。その半年後の2013年9月28日、当事者の身近な相談窓口として、また奨学金に関わる方と連携して奨学金問題に取り組むことを目的として、弁護士、司法書士、教育関係者を中心に、埼玉奨学金問題ネットワークが設立されました。

　それから今日まで、奨学金問題が、保護者を含む奨学金利用者だけではなく、高校や大学の教員・職員をはじめ社会全体が取り組まなければならない問題であることから、高校の先生方への説明、保護者・生徒への説明、地方議員への働きかけなどと合わせて取り組んできました。

◆返済困難者への呼びかけ

　返済が困難になった方の中には、借入れ時の事実関係（本人が知らなかったなど）や育英会当時のやりとりの経緯などを無視されたり、猶予の適用を拒否されたり、法的な知識がないことから日本学生支援機構の

提案する返済計画に合意せざるをえなかったり、といった実例が数多くあります。

　裁判においても、事前に日本学生支援機構側の弁護士との間で作成した和解案を法廷で読み上げて和解が成立、という場合がほとんどで、返済困難者は事実上、日本学生支援機構主導の法的処理を受け入れるしかありません。そのため、現在返済を続けている方でも、資力からするとかなり無理をしている場合もあります。

　返済困難者は孤立し、声をあげづらい状況におかれていることがほとんどです。しかし、これまでの相談事例をみれば、これは制度そのものの問題であり、けっして借りた側だけの問題ではありません。

　私たちは、こうした方たちの相談窓口として、存在を広く知ってもらい、活用してもらうため、ウェブサイトやブログでの発信、県内市町村の各相談窓口に案内チラシを置いてもらうなどの活動を重ねてきました。

　滞納が発生してからだけでなく、事前の相談についても利用を呼び掛けています。返済当事者はもちろん、保護者の方からの相談にも応じています。場合によっては法的な手続きも支援します。

◆教師との連携

　私たちは、高校の先生方にも現在の奨学金制度について説明を行っています。

　日本学生支援機構の奨学金が実は借金であり、国際的な奨学金制度とは異なるものであること、民間資金が導入されていること、返済困難時の回収の実態が過酷であること、そしてそれに伴う返済困難者と家族の苦悩について、説明してきました。

　先生方は、奨学金についてはかつての「日本育英会」の認識が強く、日本学生支援機構になってからの奨学金の現状については初めて知ったという方がほとんどで、たいへん驚かれます。

奨学金申込みの窓口を担当している先生からは、「なぜ自分たちがこの手続きを代行しなければならないのか」との疑問と不満が出ています。こうして関心を持ってくださる先生方により、学内で教職員全員への説明、保護者への説明、組合の研修会での説明などが積極的に企画され、講師派遣の要請が増えています。

特に先生方には、「人的保証より機関保証」の選択をすすめていただきたいとお願いしています。人的保証を選択してしまったことによって「親戚に迷惑をかけられない」と自己破産を躊躇する事例が多くあることから、私たちは「機関保証」の選択を提案しています。

これに対し、高校の先生方からは、「人的保証に応じてくれる親戚がいる保護者やこれから希望をもって進学する生徒に、返済困難に陥った場合を想定した話はしづらい」、「家庭の経済事情にまで踏み込むことはできない」などの声も聴くことができました。

たしかに、保護者や生徒は、返済時のことについてはなかなか実感が持てないものです。そこで、月いくら借りると大学卒業時にはいくら返済することになるのか、生活費はいくらかかるのかなどを具体的な数値で示すなどの工夫をしていただいています。

また、返済困難者からの相談では、申込みの際に返済時についての説明が十分にされておらず、本人が内容を認識していない場合や、卒業時の返済についての自覚が不十分な場合もあります。

借入時において、返済時の総額、保証人の立て方、生活設計シミュレーションなど検討できるものは検討し、大学在学中の見直しや返済時の猶予・免除なども理解したうえで、必要な相談窓口についても前もって認識してもらうことが大事です。

◆議会、議員への働きかけ

埼玉県選出の国会議員、県会議員、桶川市議、さいたま市議をはじめ

とした議員に、日本学生支援機構の奨学金問題について訴え、改善を求めました。

その結果、議会で意見書を採択してもらうことができました。

設立時以来、毎年開催しているシンポジウムには、国会議員、県会議員、市議会議員も出席されています。

◆今後の活動について

「奨学金問題対策全国会議」を筆頭に、私たちが積み重ねてきた活動によって、最近では日本学生支援機構の奨学金問題が社会問題化し、奨学金制度が改善に向けて動き始めました。

まだまだ多くの問題が残っていますが、これにより、返還猶予期間、延滞金の割合などが改正され、新所得連動型、給付型奨学金の導入も始まりました。

一方、これまで返済に苦しんできた方たちは、今なお過酷な現実に直面しています。改正の目的が救済措置の改善にあるならば、すべての利用者に適用すべきです。改正前の返済困難者を置き去りにすることは許されません。

さらに、奨学金問題に対する取組みを通じて、私たちは「高額な学費」「貧困家庭の教育環境」「ブラックバイト」などの問題についての取組みの必要性も痛感しました。

私たちは今後も、各団体とも連携しながら、学費・奨学金制度の改善と奨学金トラブルの予防・救済の取組みを継続していきます。

埼玉奨学金問題ネットワーク事務局次長

安野憲起

おわりに

　「借りたものは返すべき」。奨学金が返せないという話題になると必ずといっていいほど出てくる意見です。また、日本学生支援機構のポスターにも、「奨学金は貸与であり、必ず返還しなければなりません」と書かれています。

　たしかに、現在の日本学生支援機構の貸与型奨学金は、文字通り「貸与」であり、法律的にも、民間金融機関からお金を借りたのと同じ金銭消費貸借契約ですので、返済しなければならないお金であることは間違いありません。ですので、返済できる方は返済してもらいたいですし、返済しなければなりません。

　私たち埼玉奨学金問題ネットワークは奨学金の返済が困難になった場合の対処法をお話しする機会が多く、本書の第2部でも詳しくその説明をしています。ところが、ごくまれに、「弁護士が奨学金を返さなくていい方法を指南している」と誤解する方がいるようです。しかし、それは違います。私たちが対処法を説明しているのは、あくまで返済が困難になった方のみです。返済できる方には当然、きちんと返済してくださいとお話しします。

　私たちのもとに相談に来られる方の中で、「奨学金を返済しなくて済む方法を教えてください」という方はこれまで1人もいません。「自分は奨学金のおかげで大学を卒業できたので返済はしたいのですが、返済できる状態にありません」という方がほとんどです。このような状況に置かれた方を目の前にして、「借りたものは返すべき」と言ったところで何の意味もありません。返せないから相談に来ているのです。

　民間金融機関は、借り手がきちんと返済できるかどうか、収入や財産

をチェックしたうえでお金を貸します。一方、日本学生支援機構の奨学金は、そのようなチェックは行っていません。借りる本人は高校生や大学生ですから将来の収入などチェックのしようがありません。また、本人の親は一定の収入以下の方です。つまり、日本学生支援機構の奨学金は、返済できなくなる可能性がある層に貸していると言えるのです。このように考えると、「借りたものは返すべき」という建前論で過度の取立てをすることや、延滞者へのペナルティーとして延滞金まで請求することが果たして適切かという疑問も生じます。

　保護者や高校の先生からは、「お金の話を子どもにしたくない」、「返せなくなる場合があるという暗い話を生徒にしたくない」などの意見をいただくこともあります。ただ、本書を読んでいただけばおわかりのように、日本学生支援機構の奨学金は一種の金融商品です。しかもその金額は数百万円にものぼります。さらに、奨学金を借りるのは子ども・生徒本人です。そうだとすれば、数百万円の金融商品を利用する際に、利用する本人がその内容を知らなくてよいという話にはならないはずです。

　近時、奨学金に関する書籍の出版が相次いでいます。これらの書籍は、現在の日本学生支援機構の奨学金制度や取立ての問題点を指摘し、その改善を求めたり、日本の学費・奨学金制度自体の改善点を掲げるものが多いと感じます。つまり、「日本の学費・奨学金はこうあるべき」というタイプの書籍です。

　他方、本書は、現に奨学金を利用している、あるいは現に奨学金を返済している方を念頭において、現状の制度のもとでいかなる選択が可能か、どのような行動をとれば有利かという指針を示した、「奨学金使いこなしガイドブック」を目指しました。あくまでも「現状の制度の下でどうするのがベストか」を追及して作成しています。

　とはいえ、日本学生支援機構の奨学金にどのような問題があるかも説明していますので、中には借りるのが怖くなってしまった方もいるかも

しれません。しかし、私たちは「日本学生支援機構の奨学金は借りると返済が大変なので借りないようにしましょう」というつもりは一切ありません。私たちがお伝えしたいのは「日本学生支援機構の奨学金をよく知ったうえで、借りるか借りないか決めましょう。借りるならば返すときのことも知っておきましょう」ということなのです。

　本書が奨学金の利用を考えている方、返済当事者、学校関係者のみなさまのお役に立てれば幸いです。

　最後になりますが、本書のデザインに多大なご尽力をいただきましたミックスフィックスの河木ふみ子様、法律面で数多くのアドバイスをしてくださいました埼玉奨学金問題ネットワーク事務局次長の押井崇司法書士、裁判事例を提供してくださった全国各地の奨学金問題に取り組む支援団体のみなさま、そして、編集や校正に献身的に作業をしていただいた弘文堂の外山千尋様に厚く御礼申し上げます。

埼玉奨学金問題ネットワーク事務局長

鴨田　譲

相談窓口一覧

＊掲載した情報は2017年11月現在のものです。

奨学金問題対策全国会議
〒113-0033　東京都文京区本郷2-13-10
湯淺ビル7階　東京市民法律事務所内
事務局長　弁護士・岩重佳治
TEL 03-5802-7015（月〜金　9時30分〜17時30分）
http://syogakukin.zenkokukaigi.net/

北海道学費と奨学金を考える会（インクル）
〒060-0042　北海道札幌市中央区大通西14-1-13
北日本南大通りビル3階　西博和法律事務所
代表　弁護士・西　博和
TEL 011-206-0768（月〜金　9〜17時）
https://incl-hokkaido.jimdo.com/

みやぎ奨学金問題ネットワーク
〒980-0804　宮城県仙台市青葉区大町2-3-11
仙台大町レイトンビル4階　新里・鈴木法律事務所内
事務局長　弁護士・太田伸二
TEL 022-711-6225（祝日除く月・水・金　13〜16時）
http://miyagi-shougakukin-net.com/

埼玉奨学金問題ネットワーク
〒330-0064　埼玉県さいたま市浦和区岸町7-12-1
東和ビル4階　埼玉総合法律事務所内
事務局長　弁護士・鴨田　譲
TEL 048-862-0342（月〜金　9〜17時）
http://saitama.syogakukin.net/

奨学金返済に悩む人の会

〒162-0815　東京都新宿区筑土八幡町2-21-301

首都圏なかまユニオン

事務局　伴　幸生

TEL 03-3267-0266（日中対応可）

奨学金問題を考えるしずおか翔学会

〒430-0939　静岡県浜松市中区連尺町217-12

小島屋ビル1階　倉田和宏司法書士事務所

代表　司法書士・倉田和宏

TEL 053-456-3077（月〜金　9〜18時）

愛知奨学金問題ネットワーク

〒462-0810　愛知県名古屋市北区山田1-1-40

すずやマンション大曽根2階　水谷司法書士事務所

事務局長　司法書士・水谷英二

TEL 052-916-5080（月〜金　9〜17時）

大阪クレサラ・貧困被害をなくす会（大阪いちょうの会）

〒530-0047　大阪府大阪市北区西天満4-5-5

マーキス梅田301

事務局長　川内泰雄

TEL 06-6361-0546（月〜金　13〜17時）

http://www.ichounokai.jp/ichou/ichou.htm

奨学金問題と学費を考える兵庫の会（兵庫・奨学金の会）

〒650-0027　兵庫県神戸市中央区中町通2-1-18

JR神戸駅NKビル10階　神戸あじさい法律事務所内

事務局長　佐野修吉

TEL 078-362-1166（月〜金　10〜19時）

https://hyogoshogakukin.jimdo.com/

和歌山クレジット・サラ金被害者の会（あざみの会）

〒640-8212　和歌山県和歌山市杉ノ馬場1-11

事務局長　新　吉広

TEL 073-424-6300（月〜金　10〜21時）

NPO法人POSSE

〒155-0031　東京都世田谷区北沢4-17-15

ローゼンハイム下北沢201

TEL 03-6693-5156（奨学金相談）

http://www.npoposse.jp/

参考 URL（出現順）

■ 第 1 章

日本政策金融公庫「教育一般貸付（国の教育ローン）」
https://www.jfc.go.jp/n/finance/search/ippan.html

日本学生支援機構「大学・地方公共団体等が行う奨学金制度」
http://www.jasso.go.jp/about/statistics/shogaku_dantaiseido/index.html

埼玉県（埼玉県教育委員会編）「大学進学のための経済的支援ガイド」
https://www.pref.saitama.lg.jp/f2204/shingaku/taikendan.html

■ 第 2 章

日本学生支援機構「奨学金事業への理解を深めていただくために〔報道等を見て
関心を持ってくださった皆様に向けたデータ集〕」
http://www.jasso.go.jp/sp/about/information/jigyou_rikai.html

日本学生支援機構「申込資格・申込基準」
http://www.jasso.go.jp/sp/shogakukin/moshikomi/zaigaku/koho_kettei.html

政府公報オンライン「無利子奨学金に関する疑問にお答えします。」
http://www.gov-online.go.jp/tokusyu/shougakukin2017/faq_loan.html

一般社団法人全国労働金庫協会「全国のろうきん一覧」
http://all.rokin.or.jp/info/list.html

日本学生支援機構「学生生活調査」
http://www.jasso.go.jp/about/statistics/gakusei_chosa/index.html

日本学生支援機構「奨学金貸与・返還シミュレーション」
http://simulation.sas.jasso.go.jp/simulation/

日本学生支援機構「猶予年限特例又は所得連動返還型無利子奨学金制度」
http://www.jasso.go.jp/shogakukin/seido/type/1shu/shotokurendo.html

■ 第 3 章

日本学生支援機構「予約採用」
http://www.jasso.go.jp/shogakukin/moshikomi/yoyaku/index.html

日本学生支援機構「在学採用」
http://www.jasso.go.jp/shogakukin/moshikomi/zaigaku/index.html

日本学生支援機構「在学採用の申込資格・申込基準」
http://www.jasso.go.jp/sp/shogakukin/moshikomi/zaigaku/koho_kettei.html

■ 第 4 章

日本学生支援機構「返還期限猶予」
http://www.jasso.go.jp/shogakukin/henkan_konnan/yuyo/index.html

■ 第 5 章

各地の裁判所
http://www.courts.go.jp/map.html

■ 第 6 章

法テラス（日本司法支援センター）
http://www.houterasu.or.jp/index.html

日本弁護士連合会
https://www.nichibenren.or.jp/bengoshikai.html

執筆者紹介

■ 第1章・第2章・第3章・コラム

柴田武男 しばた・たけお

1952 年東京都生まれ。聖学院大学政治経済学部教授。
横浜国立大学経済学部、東京大学大学院経済学研究科第二種博士課程満期退学。
公益財団法人日本証券経済研究所主任研究員を経て現職。
「埼玉奨学金問題ネットワーク」代表。
奨学金問題のほか、多重債務問題に長年取り組み、2014 年より「全国カジノ賭博場設置反対連絡協議会」副代表幹事。

■ 第4章・第5章・第6章・コラム

鴨田　譲 かもだ・ゆずる

1983 年埼玉県生まれ。弁護士（埼玉弁護士会）、埼玉総合法律事務所。
早稲田大学法学部、立教大学法科大学院卒業。
「埼玉奨学金問題ネットワーク」事務局長、「奨学金問題対策全国会議」事務局次長、
「選挙供託金違憲訴訟弁護団」事務局長。
奨学金が返済できない方の破産手続や奨学金返還訴訟の代理人として裁判を行う。本人が借りた覚えのない奨学金について返還請求を起こされた裁判で全面勝訴（請求棄却）判決を獲得。

■ コラム

安野憲起（司法書士）　埼玉奨学金問題ネットワーク　事務局次長

仲野　研（埼玉県立蕨高校教諭）　埼玉奨学金問題ネットワーク　幹事

黒木朋興（アルテス・リベラレス開発研究所、慶應義塾大学他非常勤講師）
　　　　埼玉奨学金問題ネットワーク　幹事

■ 埼玉奨学金問題ネットワーク　事務局
　埼玉県さいたま市浦和区岸町 7-12-1 東和ビル 4 階 埼玉総合法律事務所内
　TEL 048-862-0342

奨学金　借りるとき返すときに読む本

2018（平成30）年1月30日　初版1刷発行

編　者　柴田武男・鴨田譲

著　者　埼玉奨学金問題ネットワーク

発行者　鯉渕　友南

発行所　株式会社　弘文堂　　　　101-0062　東京都千代田区神田駿河台1の7
　　　　　　　　　　　　　　　　TEL 03(3294)4801　振替 00120-6-53909
　　　　　　　　　　　　　　　　http://www.koubundou.co.jp

本文デザイン・組版　ミックスフィックス

装　丁　宇佐美純子

印　刷　三報社印刷

製　本　井上製本所

© 2018 Takeo Shibata, Yuzuru Kamoda. Printed in Japan

JCOPY 〈(社) 出版者著作権管理機構 委託出版物〉

本書の無断複写は著作権法上での例外を除き禁じられています。複写される場合は、そのつど事前に、(社) 出版者著作権管理機構（電話 03-3513-6969、FAX 03-3513-6979、e-mail：info@jcopy.or.jp）の許諾を得てください。

また本書を代行業者等の第三者に依頼してスキャンやデジタル化することは、たとえ個人や家庭内での利用であっても一切認められておりません。

ISBN978-4-335-55188-8